谨以此书献给福建省厦门双十中学九十华诞

杏 坛 匠 意

福建省厦门双十中学教师文丛

陈文强　黄友供　主编

高中新课程背景下的
教师专业发展

蔡芝禾　著

厦门大学出版社
XIAMEN UNIVERSITY PRESS

总　序

厦门双十中学校长　陈文强

　　由我校 10 位学者型、专家型教师撰写的《杏坛匠意——福建省厦门双十中学教师文丛》就要出版了,这是一件可喜可贺的事情。

　　四年前,我校教研室提出培养学者型专家型、教师的构想,获得原校长陈江汉(现任厦门市教育局副局长)的首肯,经与北京师范大学教育学院(现合并到教育学部)商议,达成学者型、专家型教师"一对一"培养协议,由该院指定石中英、丛立新、刘复兴、王本陆、朱旭东、李家勇、刘淑兰、马健生、康永久、张东娇 10 位著名专家学者,对我校 10 位中青年骨干教师实施为期三年的"一对一"专业指导,并于 2006 年 3 月在北京师范大学举行培养启动仪式。当时,我作为代校长,参加了仪式,自此担负起这一重大培养项目的责任,时时刻刻地关注着培养的进程。现在,三年过去了,10 位教师也学有所成了,摆在面前的这套文丛,就是他们沉甸甸的学习成果。

　　中小学有没有必要培养学者型、专家型教师,传统观念是否定大于肯定的。理由很简单,中小学教师能够教好书就不错了,没必要成为学者和专家,也不可能成为学者和专家。但事实上,中小学产生过自己的专家、学者,如大家熟悉的斯霞、霍懋征、崔峦、于漪、魏书生、孙维刚等。他们都取得独特的建树,作出卓越的贡献,成为基础教育的专家、学者,成为一个学科、一所学校乃至一个时代的教学品牌和教育标志,成为全国中小学教学的榜样。这表明,中小学很需要也有可能产生属于自己的专家、学者,成为引导教师前进的领军人物。从今天来看，没有领军人物的教师团队，是很难适应校本教师专业整体发展的要求，很难形成校本教学特色品牌的。尤其是在课程改革不断深化，素质教育不断推进的今天，培养中小学学者型、专家型教师，更有着深远的理论意义和实践意义。这是我们的认识，也是当今基础教育必须担当的要务。

中小学教师能否在教好书的同时，也成为学者型、专家型教师，传统观念也是持怀疑态度的。道理也很简单，中小学教师教学任务繁重，升学压力很大，哪有时间完成艰巨的学习和科研任务。事实是最好的回答，我校接受培养的10位教师，大多是高三的现任教师，有的还担任教研组长、备课组长、班主任等，教育教学任务繁重。但令人敬佩的是，他们排除了方方面面的干扰，克服了大大小小的困难，取得了教学业绩和学术成果双丰收。这表明，中小学教师完全可以在成为教学能手的同时，也成为学者型、专家型教师。关键是如何正确处理好工作与学习的关系；如何在优质完成教学任务，达成教学目标的同时，也实现自身专业发展的追求。他们的成功，是教师的真正成功，不但打破了中小学教师难以成为学者型、专家型教师的神话，而且揭示了中小学教师迈向真正成功的可行之路，其启示意义是发人深省的。他们，是双十教师的缩影；他们的精神，是双十精神的集中体现。

这套丛书，是他们的专著集合，内容涉及教师成长修炼、教师专业发展、学校文化建设与学生健康人格养成、有效教学、写作思维教学、快乐语文、天文教育、生物教学研究等等方面。其突出特点有三：

第一，理论与实践结合，具有鲜明的校本特色。这些教师长期奋战在教学第一线，经过三年的理论培训和专题研究，不仅具有一定的理论功底，而且对校本探索实践有了新的思考，故他们的专著，突出的特征就是理论与实践结合，有鲜明的校本特色。如蔡芝禾老师的《高中新课程背景下的教师专业发展》，从当代学校教育和高中新课程改革对教师专业发展要求的高度，阐述了教师专业发展的目的、任务、途径和作用，并以本校为研究个案，对本校教师的专业发展进行了深入调查和细致的分析，总结出教师专业发展的学校个案经验，有针对性地提出在高中新课程背景下学校促进教师专业发展的策略和措施。又如张秀琴老师的《校园文化建设与高中生健康人格的养成》，立足本校校园文化建设的历程，结合国内外校园文化建设的情况，对校园文化建设进行了多角度、多层次的探讨，阐述了优良的校园文化对提高教育质量、健全学生人格、促进学生全面发展的作用，提出了在新课程改革的理念下，校园文化建设的新内涵、新思路和新发展。这样，理论阐述便有了归依，学校特色便有了依傍。无论叙述，无论分析，无论归结，无论升华，在这套丛书里都理据充分，理法彰著，呈现较大的思辨张力和浓厚的校本气息。

第二，执著与创新并举，闪烁双十精神的光辉。当前的课程改革，有的地方，有的学校，有的教师，丢掉了自己经年形成的优秀传统和经验，一味搬用外来的理念和做法，使课程改革缺失深厚的根基和鲜明的特色。我们的教师不是这样，而是从实际出发，尊重我校的文化传承和精神传承，尊重自我的经验和创新。如郑敏玲老师的《快乐语文教学对话录》、林婉卿老师的《中学写作思维教学研究及训练》，其选题都是人们早已冷落的，但她们能够基于自己长年不懈的探索，从新的角度、新的层次，去赋予快乐语文和写作思维训练新的内涵、新的特色、新的作用、新的意义。或于生动细致、翔实丰富的语文课内外教学中引导学生快乐，有效地学语文，激发学习语文的兴趣，交给学习语文的方法，培养综合的语文学习素养；或于科学有序、严谨扎实的写作思维训练中培养学生良好的写作思维品质，拓展学生作文的自由广阔天地,让学生爱写作文、会写作文、写好作文。充分体现独特的实践和创新思维。陈聪颖老师的《校园的星空》,更是执著古老的天文科学,坚守天文教育的冷僻角落,穷尽20年的艰难探究,闯出一条校园式的天文教育之路。

第三,个性与共性相融,彰显课改的普适意义。个性与共性是既对立又相融的,互为影响、互为促进的统一体。在个性恣意张扬的今天,这一常识被有意或无意地颠覆了。我校的老师们则显得很清醒、很理性。刘艳丽老师的《成长中的五项修炼》,把教师个性成长的修炼置于新课程改革中的教师更新教学角色、更新教学计划、更新教学行为、更新教学方式和更新学习评价的策略探索中去观察,去思考,去砥砺和磨炼;王守琼老师的《让你的教学更有效》,从个性化的典型问题和案例入手,展开常规性的教学逻辑线索,进行有效教学的校本分析研究,为老师提高教学有效性提供共性化建议;郑昭琳老师的《数码显微生物教学研究》,于具体实用、操作性很强的个性化教学案例中,阐明新兴的、快速发展的数码显微镜及其网络技术生物教学的宽广前景。这些都彰显了课改的普适意义,对如何处理个性与共性的关系,推进课改的科学探索,都有着现实而深刻的启示。

这10位教师成长的三年,正是我省高中新课程改革实施的三年。他们能在导师的指导下,结合高中新课程改革进行专题研究,取得可资教师实施高中新课程参考的成果,是难能可贵的。从这个角度来说,他们的成果也是教师与高中新课程一起成长的成果。

衷心感谢北京师范大学原教育学院张斌贤院长、王雁副院长和各位导师们。

2009 年 8 月 8 日

序 言

　　改革与发展是教育理论与实践研究上的永恒主题,而教育改革能否真正实现教育的发展,最终取决于教师的所思所为,所以联合国教科文组织国际教育局指出,如今,"人们越来越多地谈论知识的更新、专业化、自主权及教师的重要性"。可以说对教师职业专业性的理论及教师专业发展实践的探索,已成为各国教育改革的关键性问题。如何理解教师专业发展的内涵? 又怎样促进教师的专业发展呢? 不仅是政府、教育学者关心的问题,更是对学校的教师和管理者的挑战。

　　蔡芝禾老师的《高中课程改革背景下的教师专业发展》一书,从一位学科教师的立场,一位兼职的学校中层管理者的角度,选择了正在如火如荼进行着的高中课程改革中的教师专业发展问题作为主要内容。这本小书当然不可能涉及高中新课改及教师专业发展的所有方面的问题,但其集中探讨、叙述的以下内容恰恰形成了该书的特点。

　　——正确的理解教育改革。观念是改革的燃料。书的一、二章内容是作者对我国新课程改革方案中的改革目标、内容、原则、技术等的学习与理解,对教师专业发展的相关理论、教师专业知识能力构成、教师专业发展途径与策略等的文献的阅读与整理。

——主动的实践探究。书的三、四章,是作者对厦门双十中学校本教师专业发展的个案研究,其中包括了问卷、访谈的调查研究和具体实践经验的分析概括。值得赞扬的是作者在这部分的研究中借鉴运用了校本培训的理论与模式,获得了双十中学校本教师专业发展现状的把握及推进的思路与对策。此外我想说,这部分对于丰富、促进我国教师校本培训的发展也是一个贡献。因为我国对校本培训的理论与实践的探索起步较晚,有研究指出始于90年代,1999年教育部召开的"面向21世纪中小学继续教育和校长培训工作会议"上,才明确提出了"中小教师的全员培训要以校本培训为主"。而在世界范围上,早在20世纪60年代,美国倡导的以能力为基础的师范教育培养模式,被认为是校本培训的渊源。到20世纪80年代,在美国学校重建运动中校本教师培训广泛开展了起来,随后开始为日本和欧洲许多国家采用。此时期,OECD及OECD所属的教育研究革新中心举办的关于"教师在职教育"的多次研讨会中,不但强调教师在职教育的必要性,并具体提案,建议积极进行"学校现场的研修"。在我国随着课程改革的深入,随着教师专业发展理论与实践的发展,可以预见以校为本的教师专业发展将跃上一个新的台阶。

在最后,我要说的是,《高中课程改革背景下的教师专业发展——以厦门双十中学为例》一书的出版,鲜明地反映出蔡芝禾老师不断学习、自我精进的努力,直面改革的挑战、热情投入改革的行为。我希望,这本书的出版不仅成为蔡芝禾老师职业发展的新起点,也给同仁们分享其中思考与经验的一个机会。

刘淑兰

写于北京师范大学教育学部

目 录

导 论

　　长期以来,社会上存在着这样一种根深蒂固的教师观,即认为教师的职责是"传道、授业、解惑",教师应当扮演知识传递者和道德示范者的角色。然而,当代教育发展证明,教师仅仅成为一个"教育者"已不能适应新时代的要求,教师要以"专业"的角色出现在教育教学实践中已成为一种必然趋势。1966年,联合国教科文组织在法国巴黎召开"教师地位之政府间特别会议",明确提出教师是专业人员,确认教师的专业地位。英国著名的课程学家斯腾豪斯早在20世纪70年代就提出:"教育科学的理想是,每一个课堂是实验室,每一名教师都是科学研究的成员"①。80年代以后,联合国呼吁各国把教师专业化作为提高教师质量和社会地位的共同策略,继而旨在把大幅度提高教师质量和专业水平的教师专业化运动成为世界众多国家教师发展的主导运动。尤其是随着社会的逐步发展和社会文明水平的不断提高,专业化的观念越来越强,教师专业化的建设和发展已成为教育发展的必然趋势。

　　教师专业化是指教师在整个专业生活中,通过终身专业训练,习得教育技能,实施专业自主,体现专业道德,逐步提高从教素质,成为

---

　　① 〔英〕L Stenhouse. An Introduction to Curriculum Research and Development. london:einemann Educational Books Ltd,p142.

教育专业工作者的专业成长过程[①]。教师专业化的成长和完善是一个漫长的过程,并且这个过程既包括学科专业性的发展,也包括教育专业性发展。它既要求教师有深厚和广阔的学术功底和学术视野,又要求教师了解教育的基本规律和青少年身心发展规律,同时具有热爱学生、关心学生、对学生负责的良好的职业道德。概括地说,教师专业化是"学科性"与"教育性""学术性"与"师范性""学科专业知能"与"教育专业知能"的统一,是学科专业教育与教育专业教育的整合。社会的发展,让更多的人认识到教师不仅是一种行业,更是一种专业,具有像医生、律师一样的专业不可替代性。教师专业化已经成为教师职业发展的重要趋势。

世纪之交,课程改革的大潮荡涤全球,我国也不例外。关于变革,加拿大教育改革研究专家迈克尔·富兰(MIChael Fullan)[②]有一句名言:"变革是一个过程(Process),而不是一个事件(event)"。学校教育的变化:不是修理工的工作,把不能运转的零件更换一个新的即可,它不是一个简单的事件,而是一个批判、反思与论证、重建的过程,通过这一过程体现变革的意义。富兰引用古班(Guban)的结论,认为革新可以分为两种类型:低层次变革和高层次变革。低层次变革(first-orderchange)在于提高当前教育实践的效率和效果,而不去触动学校的组织特征,不从本质上改变儿童和成人行为表现的方式。高层次变革(Second-orderchange)致力于寻求改革学校组织的基本方式,包括新的目标、结构和角色(如合作的工作文化)。根据富兰的这种界定,高层次变革在于影响学校教育深层的文化和结构,对教师的角色和权责进行重构和重组。本次课程改革的出发点,在于力图超越原有的课程与教学范式从而确立素质教育课程体系的内在性格,显然这是一种深层意义上的变革,属于富兰所界定的高层次变革的范畴。那么,学校文化的重建和教师角色的再造就成为本次课程改革的核心。我们认为,新课程的理念只有落实到课堂教学的层面,能给学生带来现实的影响,意味着改革愿望的达成。因此,教师是实现课程改革的理想的关键人物,在课程改革这一"过程"中,必须对教

---

① 刘捷. 专业化:挑战 21 世纪的教师. 北京:教育科学出版社,2002.

② 迈克尔·富兰:加拿大多伦多大学安大略教育学院院长,教育改革领域的权威,广泛参与世界各地多个国家的教育改革项目的培训、顾问与评估。

师长期以来形成的观念与行为进行追问与反思。

那么,在课程改革的过程中,教师如何对待课程改革?课程改革又如何影响教师的观念和行为?身处变革过程之中的教师对于课程改革的响应越来越成为中外学者关注的一个焦点。早在1962年,美国学者希尔达·塔巴(flildaTaba)就提出了"教师作为变革的代理"的概念。塔巴希望课程编制从教师设计教学单元开始,这些单元的实验结果将为一般设计提供基础。塔巴的初衷在于让教师参与课程变革,从而提供更适合于学生学习的课程。1993年,富兰也指出,学校往往是保守的制度,容易抗拒变革,因此学校必须成为学习型组织,而教师必须成为改革的中介。他们都是从教师参与课程变革有利于课程的改进这一视角来看待教师在课程变革中的作用的。其实,课程变革作为一个过程,其本身所具有的挑战传统、鼓励创新的性格对于教师的观念和行为也会带来或直接或间接的影响,而这种影响的核心,就在于促进教师的专业发展[①]。

课程改革是促进教师专业发展的一个动因。课程改革为教师的专业发展提供了诸多的机会,成为专业发展的新生长点[②]。1975年,英国课程学家劳伦斯·斯坦豪斯(LawrenceStenhouse)出版了《课程研究和发展导论》,书中提出的一个基本观点就是:"课程的研究和发展是教师的责任,教师的工作不仅要被研究,而且要由教师自己来研究",以此为基点,提出了"教师作为研究者"(teachers as researchers)的概念。斯坦豪斯这种主张的贡献,在于明确提出了教师参与研究课程和发展课程的职责,丰富了教师专业行为的内涵。显然,教师的这种课程职责的确认,既要求教师持续的专业发展,又为教师的专业发展提供了契机。后来很多学者沿袭斯坦豪斯的观点,对课程发展与教师发展的关系作出了新的阐释。例如,台湾学者欧用生认为,"课程改革是教师再社会化、再学习的过程,课程发展就是教师的专业发展,甚至说:没有教师发展,就没有课程发展"。

在课程变革的过程中,人们逐渐认识到,课程变革归根结底是人

---

① [美]RobertLLin&NormanE. Gronlund. 国家基础教育课程改革"促进教师发展和学生成长的评价研究"项目组译. 教学中的测验和评价. 北京:中国轻工业出版社,2003.

② 陈玉锟. 课程改革与课程评价. 北京:教育科学出版社,2001.

的改革,课程变革的成败仰赖于教师的专业水平和课程实施,于是,"课程发展即教师专业发展"的理念得以逐渐确立。

随着我国基础教育课程改革的启动和深化,新的课程理念开始逐步进入具体化的实践过程。而这一过程是以先进的理念切实有效地转化为广大教师的教育教学行为来实现的,因此,在这个进程中,如何全面提升教师专业素质、如何面对和解决课程改革中不断出现的新问题,是所有与课程有关的专家、学者、教研人员、广大教师共同面临的问题。新的课程理念、新的课程标准、新的教材和新的课程评价的突现,强烈冲击着现有的教育体系,要求广大教师变革已经驾轻就熟的东西,更新教育的理念,努力探索新的教育教学方法和手段,掌握新的教学技能,确保新课程的实施能稳步有序推进。这无疑对广大教师提出了新的更高的要求和严峻的挑战。

因此,现代教师面临的挑战,难以预测,十分复杂,也不可能找到唯一的应变办法,教师必须随时对自己的工作及专业能力的发展进行评估,树立终身学习的意识,保持开放的心态,把学校视为自己学习的场所,在实践中学习,不断对自己的教育教学进行研究、反思、对自己的知识与经验进行重组,在提高自己专业素质的同时,使教师专业得到发展;以适应新的变革。新一轮课程改革最终要靠教师在教学实践中去实现,新课程能否顺利实施,和我们老师的专业知识,特别是专业发展密切相关。因此,研究新课程的实施与教师的专业发展能为广大教师更新教育理念,实施新课程提供帮助,也为教师的自我发展明确方向。

第一章

高中新课程改革

一、新课程改革概述

　　21世纪是以知识的创新和应用为特征的知识经济时代,科学技术飞速发展,国际竞争日趋激烈,国力的强弱取决于人才的素质,而人才的素质最终要靠教育培养。因此,为了培养适应急剧变化社会所需求的新型人才,各国都对高中课程进行了大范围的调整和改革。为了适应时代发展的需要,国家教育部于2003年颁布了基础教育课程改革普通高中新课程改革方案和各学科课程标准。它的颁布标志着我国高中新课程改革探索之路的开始。

(一)实施高中新课改的必要性

　　实施普通高中新课程是适应科技发展和社会文化变迁的需要。当今时代,科技迅猛发展、知识日新月异,为教育的发展提供了条件和可能,同时也对教育提出了新的要求。课程问题是学校教育的核心问题,教育的发展与改革需要课程改革。而高中教育是基础教育的一个重要阶段,对人的知识和能力的形成具有重要的作用。只有推进高中课程改革,才能进一步推进义务教育的课程改革,真正提高基础教育的质量,并为高一级学校培养人才奠定基础[①]。

实施普通高中新课程是国际教育改革的发展趋势。当今国际竞争的实质是科技和人才的竞争。为了提高综合国力和竞争力,20世纪中后期以来,世界各国政府在推进教育改革中都十分重视中小学课程改革,并将其作为关系国家、民族生存与发展的重大问题优先予以政策考虑。我国的高中课程也需要适应国际潮流,进行改革。

实施普通高中新课程是全面推进素质教育的必然要求。要全面实施素质教育,从根本上说应该促进我国基础教育从传统的基于工业化社会的教育向信息化社会的新教育转向,在强调科学文化知识传授的同时,树立以人为本的理念,加强人文教育和个性化教育,促进学生的身心和谐发展,全面提高学生的综合素质。高中课程必须全面贯彻素质教育的理念,重新构建符合素质教育要求的课程体系。

实施普通高中新课程是提高高中教育质量的客观需要。随着社会进步和教育的发展,现行基础教育课程存在的问题和弊端日显突出,主要表现为:学校教育中过分注重知识传授,忽视了学生的社会性、价值观、创造性;课程内容"繁、难、偏、旧",并且过于注重书本知识,脱离了学生经验;现行的课程体系以学科知识为核心,过于强调学科本位,强调不同学科的独立性,科目过多,忽视了科学、艺术和道德之间的联系,忽视了学科之间的整合性和关联性;学生学习过于强调接受式学习,死记硬背,机械训练,以教师讲授为中心、以课堂为中心、以课本为中心,不尊重学生,缺乏自主探究和合作学习的机会;在教育评价上过于强调评价的甄别和选拔功能,忽视评价促进学习者发展和提高的教育功能;课程管理过于集中,强调统一,忽视了地方与学校在课程管理与开发中的作用,国家课程一统天下,等等。这些问题制约了我国教育的发展[②]。

---

① 教育部. 基础教育课程改革纲要(试行),2001.

② 钟启泉等. 为了中华民族的复兴;为了每位学生的发展——《基础教育课程改革纲要(试行)》解读. 上海:华东师范大学出版社,2001.

(二)新课改的具体目标

(1)精选终身学习必备的基础内容,增强与社会进步、科技发展、学生经验的联系,拓宽视野,引导创新的实践;

(2)适应社会需要的多样化和学生全面而有个性的发展,构建重基础、多样化、有层次、综合性的课程结构;创设有利于引导学生主动学习的课程实施环境;

(3)提高学生自主学习、合作交流以及分析和解决问题的能力;

(4)建立发展性评价体系,改进校内评价,推行学生学业成绩与成长记录相结合的综合评价方式,建立教育质量检测机制;

(5)赋予学校合理而充分的课程自主权,为学校创造性实施国家课程、因地制宜地开发学校课程和学生有效选择课程提供保障①。

二、新课程改革的基本理念

(一)新课程改革的基本理念

课程改革不仅需要有课程实施的行为方式的创新,更重要的是要有深层次的课程理念和课程制度的创新。本次课程改革的宗旨是构建具有中国特色的、现代化的基础教育课程体系。贯穿其中的核心理念是:为了中华民族的复兴,为了每位学生的发展。其基本理念有:主动适应社会发展和科技进步的时代需要,促进高中生全面而有个性的发展;加强高中课程与社会发展、科技进步以及学生生活的联系;促进学习方式的多样化,发展高中生自主获取知识的愿望和能力;创建富有个性的课程制度和学校文化。

(二)高中新课程改革的指导思想

教育部明确规定,本次高中课程改革要以"三个面向"的指示和

---

① 林少杰．实施新课程中的若干认识和实践问题．教育导刊,2005(3).

"三个代表"的重要思想为指导,全面贯彻党的教育方针,贯彻落实《中共中央国务院关于深化教育改革全面推进素质教育的决定》和《国务院关于基础教育改革和发展的决定》;适应时代发展的需要,立足我国实际,借鉴国际课程改革的有益经验,大力推进教育创新,构建具有中国特色、充满活力的普通高中课程体系,为造就数以亿计的高素质劳动者、数以千万计的专门人才和一大批拔尖创新人才奠定基础①。

三、新课程改革的变化

(一)教师教育理念的转变

1. 教育观

要落实高中新课程目标的要求,新课程的主要实施者——教师,在教学实践中,必须注意以下几点:

第一,要引导学生学会选择与主动发展。高中新课程方案,在保证所有学生都达到高中成就水平的前提下,通过课程的设计而为学生的个性发展及个性化的学习过程提供尽可能大的空间。它承认学生的个性差异,并把个性差异作为一种宝贵的智力资源,不求所有学生在形式发展上的同一,而求学生内在质量的提高和丰富,为每个学生潜能的开发和人生追求,提供尽可能多的可能途径。因而,这也就意味着,在教学时,教师要特别注意引导学生积极主动地参与教学过程,勇于提出问题,掌握分析问题和解决问题的方法,注重自主、探究、合格式学习,在选择中学会选择,培养进行人生规划的能力,让他们在学习中学会主动发展。

第二,要强调与学生生活世界的密切结合。强调与学生生活世界的密切结合也就意味着,要改变"过于注重书本知识"的现状,要"加强课程内容与学生生活以及现代社会和科技发展的联系,关注学

---

① 教育部.基础教育课程改革纲要(试行).2001年.

生的学习兴趣和经验",增强"提高生命生活质量"的意识,使学生学会生活,并能积极主动地去创造健康向上的生活。

第三,要注重陶冶学生的人格境界。当前教学论思维局限性的最突出表现就是把课堂教学目标局限于发展学生认知能力。我们需要课堂教学中完整的人的教育。因此,在我们的教学实践中,决不能以单一的知识、技能甚至所谓思维能力的训练与培训,来遮蔽对学生进行人格培育的光芒。

第四,要真正让学生成为课堂的主体。课堂教学的最终结果,不在教师"教"得如何,而在于学生"学"得如何。过去,我们的课堂常常被教师所主宰,导致学生失去亲身探究实践的机会,因而无助于学生整体素质的发展。所以,课堂教学的着眼点,应该是让学生积极主动地参与到教学活动中来,形成"多维互动"的教学氛围,从而使学生的潜能得到相应的发挥。

总之,在教学实施过程中,必须要致力于新课程"三维"目标的有机结合与全面落实,而不能仅仅是关注于"知识"或"能力"等单维目标的实现①。

2. 课程与教学观

在充分的讨论和争辩中,在愉快的合作和交流中,在自主的体验和探究中,学生同样也在完成着某种隐性的教学任务。他们在合作中学会合作,在交流中学会交流,在探究中增强探究的能力,不断地形成和积累着经验。这种隐性任务是一种生成性的任务,在一定意义上比显性的既定的任务更有意义和价值。这就是在大力推进新课程实施的今天,每一位教师都应该确立的"教学观"。

新的高中课程与以往的课程相比较,最核心的转变是从应试教育向素质教育的转变。其最重要的是教育观念的转变,高中课程改革方案确立了体现素质教育精神的教育观念,力求从根本上扭转应试教育的局面,既要求学生全面发展,又强调为学生的个性发展创造空间,比较好地阐释了新世纪的人才观、质量观和教育观。其变化的具体表现如下:

课程功能发生了转变。针对以往课程过于注重知识传授的倾

---

①　教育部"新课程实施与实施过程评价"课题组.基础教育课程改革的成就、问题与对策.中国教育学刊,2003(12).

向,高中新课程强调形成积极主动的学习态度,要将学习过程变为学生学会学习、学会合作、学会生存、学会做人的过程。打破了传统的基于精英主义思想和升学价值取向过于狭窄的课程定位,改变了以往教学大纲要求过高,教学内容"繁、难、偏、旧"的情况,而关注学生的全面发展。

课程结构发生了转变。在对各门具体课程之间的比重进行调整的基础上,与以往课程多是由学科构成不同,建立了由学习领域、科目、模块三个层次组成的课程结构。

课程内容发生了变化。不再单纯以学科为中心组织教学内容,不再刻意追求学科体系的严密性、完整性、逻辑性,而是从高中学生发展的需要出发,结合社会和学科发展的实际,精选学生终身发展必备的知识,课程内容既要体现其时代性,又要反映其基础性,同时还强调选择性,以满足不同学生发展的需要。

课程设置发生了转变。高中课程由必修和选修两部分组成,研究性学习活动成为学生的必修课程。

课程实施发生了变化。以往教学大纲关注的是教师的教学,缺乏对课程实施特别对学生学习过程的关注。新课程实施致力于学生个性成长。学校要提供课程设置说明和选课指导手册,并在选课前及时提供给学生,鼓励学生在感兴趣、有潜能的方面选修更多的模块,使学生实现有个性的发展。新课程方案还要求学校应加强课程资源建设,充分挖掘并有效利用校内现有课程资源,保障高中课程更有个性。

课程评价方面发生了变化。新课程方案要求实行学生学业成绩与成长记录相结合的综合评价方式,给予学生更大的生长空间,学校应根据目标多元、方式多样、注重过程的评价原则,综合运用观察、交流、测验、实际操作、作品展示、自评与互评等多种方式,为学生建立综合、动态的成长记录手册,全面反映学生的成长历程。

因此,在高中新课程改革背景下,教学层面也必须进行相应的调整和改进。

高中教学首先要处理好教学实施中各学习领域中的模块之间的关系,充分利用场地、设备等资源,丰富学生的学习方式。模块背景下,教学内容以模块为整体,教师要结合整个模块整体把握,设计模块的教学实施。要深入理解各模块的主题,所有的教学活动都应该围绕主题开展,避免学习过程过于发散,导致主题的迷失。在高中教学过程中,要关注学生的知识与技能、过程与方法、情感态度价值观三维目标的有机统一。以教学方式的转变促进学生学习方式的转变,引导学生自主学习,合作交流,提高分析和解决问题的能力。指导学生选课也是教学实施的重要内容①。

3. 学生观

首先,学生是发展的人。学生的身心发展是有规律的。教师要依据学生身心发展的规律和特点开展教育教学活动,从而有效促进学生身心健康发展;学生具有巨大的发展潜能。应该相信学生的确是潜藏着巨大发展能量的,坚信每个学生都是可以积极成长的,是有培养前途的,是追求进步和完善的,是可以获得成功的;学生是处于发展过程中的人。作为发展的人,也就意味着学生还是一个不成熟的人,是一个正在成长的人。从教育角度讲,它意味着学生是在教育过程中发展起来的,是在教师指导下成长起来的。

其次,学生是独特的人。学生是完整的人。学生并不是单纯的抽象的学习者,而是有着丰富个性的完整的人,不仅具备全部的智慧力量和人格力量,而且体验着全部的教育生活。要把学生作为完整的人来对待,丰富学生的精神生活,给予学生全面展现个性力量的时间和空间;每个学生都有自身的独特性。独特性也意味着差异性,不仅要认识到学生的差异,而且要承认学生的差异,使每个学生在原有基础上都得到完全、自由的发展;学生和成人之间存在着巨大的差异。学生和成人之间是存在很大差别的,学生的观察、思考、选择和体验,都和成人有着明显的不同。

再次,学生是具有独立意义的人。教师要把学生当作不依自己的意志为转移的客观存在,当作具有独立性的人来看待,使自己的教育和教学适应他们的情况、条件、要求和思想认识的发展规律;学生是学习的主体。教师不能代替学生读书,代替学生感知,代替学生观察、分析、思考,代替学生明白任何一个道理和掌握任何一条规律。教师只能让学生自己读书,自己感受事物,自己观察、分析、思考,从而使他们自己明白事理,自己掌握事物发展变化的规律;学生是责权主体。学生是权利主体,学校和教师要保护学生的合法权利;学生是

---

① 教育部:基础教育课程改革纲要(试行).2001.

责任主体,学校和教师要引导学生学会对学习、对生活,对自己、对他人负责,学会承担责任[①]。

(二)教学评价转变

"评价"原意为评论货物的价值,是一个价值判断的活动。课程评价就是根据教学目标,通过多种方式系统地搜集各种信息,对课程教授效果做出价值判断,并对课程实施进行必要调整的过程[②]。我们可以用下列式子进行表述:

评价＝搜集信息＋判断赋值＋改进决策

评价活动包括三个方面,即价值厘定、搜集信息、做出判断并据此对教学进行调整。

价值厘定就是对"什么是重要的"问题给出可操作的定义。因此,对高中课程目标的理解不同,价值厘定的结果就必定不一样。在以追求升学考试为目的的价值观指导下,高中课程的实施与评价,完全不同于以提高学生学科素养为目的的价值观下的课程实施与评价。因此,对"什么是重要的"问题的回答,必然会出现极大的差异。

评价过程需要系统地搜集信息。考试是搜集评价信息的主要方法,却不是唯一途径。不同的课程目标,需要使用不同工具来搜集信息。利用多种搜集方法所获得的信息,对评价对象做出评价,评价的结果将更加可信,更为合理公正。

评价活动的目的是根据所搜集的信息,做出价值判断,并在此基础上改进课程的设计与实施。从价值上对所搜集的信息进行分析和判断,即对教学效果是否达成课程目标,做出价值上的判断,然后根据这个判断来改进课程设计和教学实施。

新课改对教师在课程资源的二度开发能力方面提出了很高的要求,教师不仅要掌握本学科和相关学科领域的知识,而且要对其进行融会贯通,用简单的方法解决复杂的问题。所谓的素质教育也并不只是热热闹闹的课堂,快快乐乐的学生,掌握知识是提高能力的前提和基础。作为学校管理者,如何在关注和肯定教师教育观念上优势

---

① 陈琦,张建伟.建构主义学习观要义评析.华东师范大学学报(教育科学版),1998(1).

② 王汉澜.教育评价学.开封:河南大学出版社,1995.

的同时,引导其观念与知识和能力相结合。使其真正成为实践的动力和源泉,就需要变革教师评价和考核机制。学生考试成绩是一个方面,但不应是唯一的方面,形成性评价取代终结性评价的理论研究已经进行多年,但在实践中的应用经验却乏善可陈,学校管理应该怎样运用形成性评价理论,改革现有评价机制,建立形成性评价模式以及与之相配套的激励机制,是我们关注的重点问题。

第二章

教师专业发展

新课程的进一步实施,对教师专业化发展提出了更高、更紧迫的要求。如何促进教师的专业发展,长期以来备受关注。其关注的焦点主要集中在教师专业发展内涵的辨析、教师专业发展阶段的划分、促进教师专业发展的途径和策略等三个方面。

一、教师专业发展的内涵

教师的专业发展既包括"教师的专业成长过程",又包括"促进教师专业成长的过程"。前者关注专业发展的内在性,强调初任教师发挥主动性,通过自学、进修、实践、反思等方式达到专业成熟的过程;后者是从外部支持的角度,通过建立和完善有利的发展平台来帮助教师提高职业素质的过程①。因此,我们在探讨高中初任教师专业发展的策略时,既要注重内在因素所起的决定性作用,又要注重外部发展平台的构建和完善。

---

① 教育部师范教育司.教师专业化的理论与实践.北京:人民教育出版社,2003.

二、教师专业发展的目的和意义

(一)个人层面的目的和意义

教师专业发展是教师自身发展的需要,有助于提高教师的专业能力,有助于提高专业认同,加强专业承诺,提高专业地位和专业待遇和专业满意度。

第一,教师专业发展是人自身发展的需要。根据马斯洛的需要理论,人都有追求全面发展的需要。教师也一样,在专业上不断追求发展是为了满足其个体发展的需要。从终身教育的角度来看,教师也需要不断更新和发展其教学理念、教学方法等,才能跟上时代的发展,适应教育的要求。

第二,教师的专业发展有助于提高教师的专业能力。教师专业发展是指教师个体专业不断发展的过程,是教师不断接受新知识,增长专业能力的过程。因此,教师的专业发展能够使教师成长为一个成熟的专业人员。而在教师专业发展的过程中,教师的专业知识更加丰富,对专业知识的理解不断深化,同时专业技能也不断提高。教师的专业发展有助于形成教师的职业人格,为教师工作的顺利进行奠定基础。此外,作为教师不仅要具备足够的知识和技能,还必须有相应的德行质量。在专业发展过程中,教师的德行也能够得到促进和发展。

第三,教师的专业发展有助于提高专业认同,加强专业承诺。教师在专业发展的过程中,不断加深对学科知识的认识,对教师职业的了解,对教师职业的认同度越来越高。同时,由于专业的发展,教师个人能力不断提高,职业倦怠和职业高原逐渐消失,职业成就感不断增加,情感承诺和继续承诺更坚定。另外,专业发展对于教师来说提高的不仅是教学能力,更多的是提升了自己的教学信心和自我效能感。因此如果教师个体专业化获得良好的发展就能够促进教师职业角色的形成,提高专业认同,达成良好的职业承诺。

第四,教师的专业发展有助于提高教师的职业幸福感。伴随着教师专业地位和专业待遇的逐步提高,教师越来越追求工作中的满足感和成就感。教师职业的特殊性使教师成为职业倦怠、情绪耗竭的高发人群。教师专业发展在提高教师的专业能力,加强教师的职业认同和职业承诺的过程中,也让教师从自己的职业中体验到一种的满足和愉悦。因此,教师专业的发展过程是教师不断追求更高层次的幸福的过程,并在此过程中不断发展自己,完善自我。教师职业幸福感随着教师专业水平的提升而提高。

(二)学校层面的目的和意义

教师的专业发展是提高学校凝聚力的核心要素,促进校本研究的进行,有利于学校学科建设,促进学校发展。

第一,教师的专业发展是提高学校凝聚力的核心要素。一个学校有没有凝聚力,有没有向心力,有没有向上的力量,取决于学校的教师。如果教师工作变成机械性的工作,没有新鲜感,丧失教学兴趣,大部分教师都出现了职业倦怠和职业高原现象,那么学校就没有生气。而教师的专业发展恰恰可以有效解决这些问题,使教师不断地有新的目标,不断地有新的成绩,不断地有新鲜感,不断有成就感,不断地有向上的动力,从而能够有助于学校凝聚力的提高。

第二,教师的专业发展促进校本研究的进行。教育部基础教育司副司长朱慕菊指出,以校为本的教研,是将教学研究的重心下移到学校,以课程实施过程中教师所面对的各种具体问题为对象,以教师为研究的主体,理论和专业人员共同参与。所谓校本教研,也就是教师为了改进自己的教学,在自己的教室里发现了某个教学问题,并在自己的教学过程中以追踪或汲取他人的经验解决问题。教师是校本研究的主体。教师要坚持终身学习,在教学过程中,既要注重理论指导,又要注重实践研究,同时还要加强经验的总结、理论的提升和规律的探索。只有坚持合作反思,在总结经验中提高自己;坚持专业引领,丰富自己的专业知识;坚持协同跟进,借鉴他人的良好经验来完善自己,才能够提高校本研究主体——教师的专业技能,从而促进校本研究的顺利进行。

第三,教师专业发展有利于学校学科建设,促进学校发展。教师专业发展是学校学科建设的第一需要。教师专业发展能增强教师自觉追求专业学术发展的内驱力,培养教师自我反思的意识,使教师学会不断的自我评价与定位、不断的自我激励与发展。学科教师不断学习专业与开展学术研究能帮助教师以正确的心态、适当的策略对待学校学科建设的发展规划,明确教师所在学科的地位和发展方向,使教师在成为终身学习者的同时也成为专业发展的受益者,从而不断推动学校相关学科的建设发展。从学校全局来看,健全的学科建设,合理的学科结构,高素质的学科教师团队,良好的学术氛围,这是必不可少的。同时,也是学校发展的必须条件。

(三)社会层面的目的和意义

教师的专业发展能够促进新课程改革,提高整体的师资力量和社会的教育水平,有利于教育事业的蓬勃发展,适应社会发展要求。

第一,促进新课程改革。教师专业化发展已经成为国际教育发展的趋势,更是我国当前新课程改革的必然要求。新课程改革要求教师应该是知识的学习者、探索者,学生成长的促进者、引导者,更应该是教育的实践者、研究者和反思者。课程改革成败在于课程实施。课程实施的关键又在于教师。作为课程实施的主体,教师专业发展引起了人们的关注。新课程的推行,离不开教师的专业发展。教师的专业发展是新课程改革的需要。随着新课程改革的不断深入,迫切需要教师提高自身素质,更新教育理念,树立以学生为本的观念,提高把知识转化为智能、把理论转化为方法的能力。与此同时,新课程改革也为教师专业发展提供了一个重要的发展平台。

第二,有利于提高整体的师资力量,提高社会的教育水平。教育是一门比较复杂的专门培养人才的职业,它不仅要求教师要具有比一般人多的知识,而且要求教师要能够掌握基本的教育学和心理学等方面的知识,以便能够更好地为教育服务。教师自身的素质直接关系到教育的质量,直接影响到学生的发展。如果教师不能及时学习新的教育理念和教育知识,掌握和使用新的教学技能,那么他就只能教给学生陈旧的知识和观念,不仅是对学生的不负责,也是对自己的不负责。因此,在教师行业中形成自主专业发展的氛围,教师在不断学习中发展自己,是社会发展和教育科学发展的必然要求。教师的专业发展有助于提升教师的整体素质,从而提高社会的教育水平,提高教育质量。

第三,有利于教育事业的蓬勃发展,适应社会发展要求。21世纪是充满竞争和挑战的时代,这个时代注重知识,把科技当作第一生产力。决定国家竞争能力的关键因素是有知识、有能力的创新人。教师责无旁贷地要承担起社会对人才培养的责任。社会对人才需要越强烈越急迫,教师专业发展与成熟就越紧急越迫切。教师在传统意义上,被定位"知识的传递者",因此长久以来,教师的专业知识只起到了经验型、保守型的传授功能,灌输、传递、讲授、演示等成为教师的主要工作。而知识经济时代对人才的重要诉求是有创新精神与创新能力。如果教师都没有创新意识和创新能力,无法快速地应对时代发展,获得专业水平上的发展与成熟,就不可能要求学生能引领时代步伐,推进社会前进。因此教师要先发展自己才能培养和塑造学生。

三、教师专业发展的内容

(一)教师专业信念

教师专业信念主要包括专业态度、教育理念和专业道德三个方面的内容。"专业态度"是教师对自己从事的职业所持有的基本态度,专业态度包括教师的专业理想、专业情操、专业性向、和专业自我。专业理想是指教师对成为一个成熟的教育教学专业工作者的向往与追求;专业情操是教师对教育教学工作带有理智型的价值评价的情感体验;专业性向是指教师成功从事教学工作所应具有的人格特征或个性倾向;专业自我是教师个体自我从事教学工作的感受、接纳和肯定的心理倾向。"教育理念"是指教师对教育事业所持有的理想和信念,"专业道德"是教师在教育教学活动中处理人际关系所要遵循的基本准则和职业操守。专业理念是教师专业发展之魂,是支撑教师专业发展的基石和可持续发展的动力[①]。新课程站在中华民

---

① 钟启泉.教师专业化:理念、制度、课题.教育研究,2001(12).

族复兴和素质教育的高度,提出了"一切为了每一位学生的发展"这一核心理念,这是课程改革的最高指导思想①。围绕这一核心理念,新课程在课程观、知识观、教学观、学生观等方面确立了一系列全新的理念。教师应当深刻领会,实践反思,摒弃传统观念中与新课程精神不相符的东西,结合自己的教育教学经验重新构建自己的专业理念体系;并以此作为自己专业行为的基本理性支点,站在时代的高度认识自己看似平凡的工作,从平凡中感受自己工作之伟大,积极投身课程改革。

(二)教师专业知识

教师专业知识包括学科专业知识、教育教学科学理论知识和实践性知识三个主要成分。具备比较渊博的学科专业知识是教师完成正常教学的基础,很难设想一位不掌握本学科专业知识的教师能从事该学科教学工作。教育教学的科学理论知识包括教育学知识、一般教学法知识、学科教学法知识、学习者和学习的知识、心理学知识和课程论知识等。教育理论对教师具有非常重要启迪和启示作用,没有教育科学理论指导的教师是一个盲目和短见的实际工作者。实践性知识是教师教学能力的重要来源,它包括教学技术规则、教学经验、教学情境知识、教学决策判断能力的知识和实践化的学问知识。实践性知识来自于实践,要求教师在实践中主动探求,在"做中学"。另外,新课程强调课程结构应当体现出课程的综合性,并且倡导新型的课程形态——综合实践活动,这势必要求教师必须形成跨学科的知识结构。新课程还非常强调现代信息技术与课程的整合,从这一点来说,了解、掌握现代信息技术的相关知识对教师专业发展也很有必要。

(三)教师专业能力

教师专业能力即教师在育人中所表现出来的教育教学能力的总和。教师的专业能力应包括一般能力(智力)和特殊能力两方面。教师在智力上应达到一般水平,它是维持教师正常教学思维流畅性的

---

① 钟启泉等.为了中华民族的复兴,为了每位学生的发展——基础教育课程改革纲要(试行)解读.上海:华东师范大学出版社,2001.

基本保障。教师特殊能力包括与教学实践直接相关的特殊能力,如学科教学能力、交往能力、语言表达能力、班级管理能力等等。学科教学能力主要包括教育活动设计能力、教育活动实施能力、教育过程的组织与监控能力和教育评价能力四种能力。除此以外,面对新课程,教师尤其需要重视提高科研能力、反思能力和课程能力(包括课程开发能力和实施综合课程的能力)三方面的教师特殊能力[①]。

教师专业化是一种动态的发展过程。要成为一个成熟的教育专业人员,教师需要通过不断的学习与探究来拓展自己的专业内涵,提高专业水平,从而达到专业成熟的境界。

四、教师专业发展阶段

在教师专业化思潮的推动下,教师专业发展理论得到了蓬勃发展,其中,最显著的成果当属教师发展阶段论。这些理论试图揭示教师在历经职前、入职、在职以及离职的整个职业生涯发展过程中所呈现的阶段性发展规律及其特征。

至今,教师发展阶段论的研究已是日益蓬勃,各种教师发展阶段论令人目不暇接。然而,尽管如此,任何发展阶段论都不足以描述所有教师的发展历程。换句话说,并非所有教师都走在同样的发展轨迹上,教师有相当大的个别差异,无论我们如何来描述教师的发展历程,都只是就多数教师而言。

诚然,教师们的发展有着显著的个别差异,而学者们依据不同的研究取向所提出的教师发展阶段论也各有千秋。然而,纵观各种教师发展阶段论,仍可发现一些共同的特点与不足。

首先,在各种发展阶段论的划分方式上,即存在一些共同的特点。其一,就是在"职前师资培育阶段"与"初任教师导入阶段"之间有一个明显的分界点。虽然针对"初任教师导入阶段",各家的说法

---

① 教育部师范教育司:教师专业化的理论与实践. 北京:人民教育出版社,2003.

或名称稍有差异,但是这个阶段与职前师资培育阶段确有一个非常重要且明显的分界点。至于"初任教师导入阶段"究竟是几年,各家的说法有些不一致,但是仍然相差不远,大致是从一个教师开始任教到任教三年或四年的时间。其二,还有一个明显的分界点,就是在经历了初任教师阶段后,教师又进入了一个新的阶段。这个阶段的名称各家说法莫衷一是,而且各种发展阶段论对这个阶段的特性描述也有一些差异。由于这个阶段是教师生涯中持续最长的一段,有些人又把这个阶段进一步细分成几个阶段,有些人则将之笼统地看成一个阶段。无论如何,这个最长的阶段和初任教师导入阶段的确有相当明显的差异,因此也产生一个明显的分界点。

其次,在各种教师发展阶段论所提示的内容方面,也存在一些共同的特点或者说是优点。各种教师发展阶段论虽然同中有异,异中有同,但均能完整地看待教师的发展历程,将职前师资培育与在职教师的发展联结起来,视为一个连续的过程,并且凸显了教师在不同发展阶段具有不同的专业表现水平、需求、心态和信念等[①]。可以说,在一定程度上反映了教师发展的一般规律。这是各种教师发展阶段论的贡献。伯顿(Burden,1990)[②]在分析比较了各种教师发展阶段论后,也认为多数的发展阶段论都有下列这些共同的优点或是强调下列这些层面:

(1)它们都承认各阶段教师的个别差异事实,并强调更个别化的师资培育与在职训练方案。

(2)都把焦点集中在教师随着时间而来的各种改变,因此也需要长时期的介入与支持。

(3)在发展适宜的介入活动时,都考虑到教师在各个阶段的需要与兴趣。[③]

尽管各种教师发展阶段论有以上的优点,但也仍有需要进一步

---

① 傅道春.教师的成长与发展.北京:教育科学出版社,2002.

② 伯顿:美国俄亥俄州立大学学者,对处在不同教学生涯发展阶段的教师进行了大样本、严密有序的访谈研究,提出了教师生涯循环发展理论。他认为教师发展经历了三个阶段:求生存阶段(survival stage)、调整阶段(adjustment stage)、成熟阶段(mature stage)。

③ 饶见维.教师专业发展.台北:五南图书出版公司,1996.

探究与完善的地方。其一,大多数教师发展阶段论偏向于对教师实际上所经历的发展情形或实际上所表现出来的发展情形的描述,而对教师最理想的发展历程与发展情形的描述未作应有的关注。事实上,我们需要了解,理想的教师发展进程是如何的。因为,这一方面可为教师提供发展目标与努力方向,同时也可使教育行政机关等明确:应依据教师理想的发展进程,给予不同发展阶段的教师提供什么协助。总之,各种教师发展阶段论,如能对理想的教师发展进程予以勾勒、描述,则将更为完善且具有更大的理论与实践的参考价值。其二,在目前各种教师发展阶段论中,发展阶段的名称显得有些混乱。比如,有些发展阶段论直接用"第一阶段、第二阶段……"等来标示各阶段的名称,在意义上不是很清晰,不利于沟通与讨论。其他的发展阶段论虽然标示了各个阶段的名称,但是有许多阶段名称的语意仍然显得不够直接,例如:安全期(乌勒和特纳,Unruh&Turner,1970年);而有些名称则容易造成混淆,例如:波克(Burke,1970年)的"更新"与"转向"等等。有鉴于此,学者们在对教师发展进行研究时,须对各发展阶段的名称审慎选用,以避免造成混乱。

教师发展是一个漫长的、动态的、纵贯整个职业生涯的历程,其间既有高潮也有低谷。通过对教师发展阶段的了解,作为教师自身,应对自己的教师生涯预作规划,以积极地响应其间的变化与需求。同时,也需以一颗平常心面对职业生涯的转变与岁月飞逝的事实。而作为教育行政机关等管理支持部门,应依据教师的不同发展阶段,对教师的发展适时提供有的放矢的协助,激发教师的工作热忱与创意,使其走过多姿多彩而又美好完满的教师生涯。

五、教师专业发展的影响因素

教师的发展是一个连续的、动态的、纵贯整个职业生涯的过程①。在这一过程中,教师会不可避免地面对各种各样的困境与危

---

① 叶澜.教师角色与教师发展新探.北京:教育科学出版社,2001.

机。这些困境与危机有些来自于自身的因素,有些来自于环境的因素。这些因素都对教师的发展产生抑或正面抑或负面的影响。因此,只有在了解教师发展的各种影响因素的基础上,并区别对待,才能更加适切地协助教师的发展。

纵观各种教师发展影响因素论,可以发现它们共有的一些特点。首先,它们归纳的影响因素大致相同,不外乎个人环境与组织环境因素两种。虽然饶见维以教师工作系统为划分依据将各影响因素归为校内与校外两类,但无论是校内还是校外,仍可划分为个人与组织环境因素两种。这可以说是几种教师发展影响因素论在归纳分类方面所达到的共识。其次,在所述内容上,都特别强调了两方面因素:其一是校长及学校管理风格,其二是学校氛围或学校组织文化。教师常抱怨学校主管过于缺乏同情心、孤立、官僚、无效能,并认为校长坚守在其办公室里,不关心教师的问题与成败。此外,专治的行政管理不仅使教师的专业角色受到了挑战,减少了自主性,加重了老师的工作负担,也使得整个学校气氛更趋于非人性化。这种学校管理自然不利于教师专业发展。另一方面,教师之间单打独斗,各自为政,缺乏合作也自然无益于教师的专业发展。在学校里即便存在大量的话友(peers),但推进实践之改善的'作为合作者的同事'(colleagues)不容易存在。学校组织的官僚化与教育问题的深刻化进一步加剧了教师相互合作与合作关系的淡薄。推进教师专业成长的课题,必须包含这种克服学校的结构性危机的方略在内的讨论;必须探讨如何在学校里形成专业共同体,如何加强这种共同体的自律性的方略。

上述教师发展影响因素,从一个侧面反映了教师发展的规律,即教师在其发展环境与历程中,不可避免地受到各种影响。要想适切协助教师的发展,必须了解并重视这些影响因素。

六、教师专业发展的基本策略

(一)教师制定个人规划是实现专业发展的前提

在推进新课程改革过程中,如何实现教师专业发展,是一个值得不断探索的问题。参与课程改革的学校提出了如下教师专业发展的模式，即"自我认识和自我反思—制定专业发展规划—理论学习和实践—总结提升"。

1. 教师专业发展需要发展规划的指引

教师的专业发展规划是对教师专业发展的各个方面和各个阶段进行的设想和规划。具体包括教师对职业目标和预期成就的设想，对专业素养的具体目标的设计，对成长阶段的设计以及所采取的措施等。教师的专业发展规划对教师的成长是非常有意义的。

（1）规划对人的发展与成长具有指导作用。"凡事预则立，不预则废。"过去，于我们缺乏规划设计的概念和意识，不少教师对自己要达到什么目标、通过几个阶段达到自己的目标、现在自己处于什么阶段等问题，往往是模糊的，有的甚至从来没有考虑过这样的问题。因此表现在工作和行为上，就是单纯听从领导的安排，以完成任务为目标，没有多少自己的追求，发展是比较被动的。当他们对工作不满意时，往往归因于外部的环境制约，认为自己尽了力，困难克服不了，是没有办法的事情。而事先有考虑和设计，则会把自己的职业生涯置于理性的思考之中，有了发展的目标与动力，对自身发展具有指导作用。

（2）制定与实施规划可促进教师的反思与行动。访谈得知，大多数教师认为，制定专业发展规划对自己是有帮助的。规划促使自己认真自我分析，促进了反思。使教师有了专业发展的紧迫感，促使教师不断寻找在学校教师中的位置，不断自我激励；规划对教师的发展起到了具体指导和监控作用，读什么书，参加什么样的活动，做什么研究，规划中都有设计，减少了行动的盲目性、随意性。

（3）动态的规划能满足教师不断发展的需求。有人对专业发展规划表示怀疑，理由是"计划赶不上变化"。我们认为，计划赶不上变化是客观事实，但并不能因此否定规划的作用。首先，教师的成长过程是有一定规律性的，只要我们抓住这些根本的、稳定的因素去做计划，这个计划就应该是有用的。其次，规划有中长期的和短期的，它们在具体内容上有区别。中长期计划比较宏观、概括，短期的规划（一般以学年为单位）则较具体。最后，我们也要有正确的"动态计划观"，计划不是一成不变的，而是动态的。如果客观条件变化比较大，我们就需要对计划作出修正和调整。

2. 制定合理有效的教师专业发展规划

合理有效的教师专业发展规划能够帮助教师在职业生涯中目标明确。至于应该如何制定合理的教师专业发展规划，下文将从实际问题出发进行相关的探讨。

问题一 目前，教师入职培训模式单一，在新课改背景下弊端更为突出，已经成为教师专业发展的障碍。

新教师的入职培训大多是较为传统，一对一的"师带徒"的方式，是最常见的，而这种方式的优点显而易见——师傅能够给徒弟以具有针对性的指导，通过徒弟听课、师傅指导备课、上课、评课等环节实现徒弟教学能力的提高。特别是在规模大、平行班多的学校，与师傅同头的徒弟往往成熟得更快。但另一方面是，师傅所独有的个人风格不足的方面——不仅是教育教学思维、行为模式，还包括个人情感、职业态度以及价值观——也同样"遗传"给了徒弟，甚至会得以放大后展现出来。

课改实施以后，对于新任教师而言，其优势、劣势更为突出，他们的学科专业理论知识、相关学科理论知识以及信息网络知识丰富，但对中学教材体系、内容所知少，对于如何将上述知识与所任教年段的教材知识有机整合为系统的能够传授给学生的学科理论知识则存在着更大的困难。他们怀着对教育事业的热忱和激情，他们具有为学生所接纳的生理和心理优势，在他们看来成为学生的"益友"比成为学生的"良师"容易得多，他们需要的不仅是更为系统、明确、操作性强的教育教学知识和技能的指导，还需要积极的情感、职业态度以及价值观的引导，这并不是简单地给他指定一位师傅就能够满足的。

课改实施以来，老教师的知识结构、教育观念以及行为模式在相当长的一段时间内也处于转变的过程中，他们同样经历一个由困惑、排斥、接纳再到自身教育模式再度形成的过程，在这种情况下，教师的培训与培训模式的更新已经成为促进教师专业成长的迫切要求。

问题二 在职培训零散、随意、缺乏系统性、针对性和有效性。

在职教师培训主要包括以下几种形式——邀请专家讲座、校内经验交流（评优课、研究课、公开课）、校际参观学习等，其中以前两种形式更为普遍。

邀请专家讲座。一般邀请的专家以高等学校学科教学理论研究人员、教材教法研究人员、教育心理研究人员为主，市区教研员和知名特级教师为辅。高校理论研究者所讲的基本上是个人所感兴趣的研究领域中的理论前沿问题,有助于教师开拓思维,扩大信息面,但与教师常规教育教学活动存在一定的距离;市区教研员和知名特级教师的讲座往往是进行教育教学案例分析,具有一定的实践指导意义,但比较零散、随意,特别是课改实施以后,由于各级教师都处于探索期,没有什么成功的可借鉴的经验可言,指导性也比较差。

与专业讲座相比,校内经验交流和校际参观学习就是一线教育教学活动的鲜活展现,具有场景明确、效果直观的特点,但和教研员的讲座情况类似,同样缺乏系统性。而且,无论是在校内的评优课、研究课、公开课上,还是在校际的参观学习中,教师往往是"演"的成分远远大于"教"的成分。在这类课上,教授教师会使用各种先进的多媒体设备、展示多个精美的课件、充分贯彻课改精神、绝对尊重学生的主体地位,给学生足够的发言权和讨论空间,把课堂还给学生。当然,由于事先精心的准备和多次的演练,对学生的讨论和发言的控制做到"收放自如"。但这样的课在平时的教学中是很难出现的,所以这种培训是否真的提高了教师的专业水平还有待商榷。

从严格意义上说,评优课、研究课、公开课只是培训的辅助形式,而不是真正的培训。通过以上的培训形式的列举可见,目前的在职培训形式多样,但内容零散,缺乏系统性,彼此脱节,缺乏互补性,重形式而轻内容,针对性、指导性差,所以需要在现有模式的基础上探索有效的、操作性强的在职培训机制。

(1)学习教师专业发展的理论。教师专业发展规划实际上是教师运用教师专业发展理论,结合自己的实际情况而制定的具体的行动方案。如可通过研读《教师专业化的理论和实践》、《教师的成长与发展》等书籍,使教师明确从哪些方面去设计自己的规划,减少做规划的盲目性,提高了制订规划的实效。

(2)分析专业发展的需要。教师专业发展归根到底是为学生发展服务的。因此,教师要在哪些方面去发展,必须了解学生的发展需要,从自己在教育教学活动中不适应地方去寻找发展的目标,以弥补不足。教师发展的重点应放在教育能力、教学能力、教研能力的提升,放在具体的教育教学实践改善上,而不是单纯围绕自己的知识结构读书学习培训。

(3)有动态计划观。根据形势和要求的变化,不断调整和修改自己的发展规划。

（4）制订规划要在指导实践上下工夫。计划一靠落实，计划的实现，靠教师自身的努力。二靠学校的支持。学校要根据教师的发展规划，从中发现教师的需要，创造条件，帮助教师实现发展目标和学生的发展目标。比如给教师有针对性地安排帮助者，邀请专家指导教师，留出一定的自由发展时间，组织一些有意义的专业发展互动，如评课、研讨等。

（二）教师行动研究是教师专业成长的必经之道

《基础教育课程改革纲要》指出，教师在教学过程中应与学生积极互动，共同发展要处理好传授知识与培养能力的关系，注重培养学生的独立性、自主性，引导学生质疑、调查、探究，在实践中学习，促进学生在教师指导下主动地富有个性地学习。教师应重学生的人格，关注个体差异，满足不同学生的学习需求，创造能引导学生主动参与的教育环境，激发学生的学习积极性，培养学生掌握和运用知识的态度与能力，使每个学生都能得到充分发展①。为贯彻实施这一要求，教师应该做到：不断对自己的教学行为进行反思，努力使自己成为具有创新精神的研究型教师。这里，"反思"是教师以自己教学活动为思考对象，对自己所做出的行为、决策以及由此产生的结果进行审视与分析的过程，是一种通过提高教师的自我觉察水平来促进教师能力发展的途径。这种反思使教师成为具有创新精神的研究型教师，通过观察、分析、反思和研讨，不断改进自己的教学，形成教师可持续发展的动力和能力，进而使教学相长，实现教师专业成长的理想与追求。实现这一目的的具体途径之一就是进行行动研究。

1. 行动研究的概念

行动研究经历了一个复杂、曲折的发展历程。它率先由德裔美国学者勒温倡导并身体力行，在 20 世纪 50 年代前形成高潮。之后，行动研究的兴趣在美国迅速下降，受种种非议和怀疑，很快为"研究—开发—推广"模式所取代。英国的教育行动研究以斯豪斯领导的"人文课程研究"为标志，是一个山"外部"研究者和"内部"教师共同体的研究计划。斯氏认为，教学实际上是一个课程探究的实验过

---

① 教育部.基础教育课程改革纲要(试行). 2001.

程,因此提出"教师成为研究者"和"研究成为教学的基础"等著名口号。随着行动研究在英国和澳大利等国逐步成为一种"运动",1970年代以后行动研究在美国再度引起关注,其中施瓦和舍恩起了很大的推动作用。前者提出"实践理性"、"实践性课程"等概念,后者提"反思的实践者"、"在行动中反思"等概念,对专业人员(包括教师)的思维方式和实践活动进行了大量的理论和实证研究[①]。

纵观行动研究发展的历史,它经历了一个从实证主义走向建构主义的变化过程。本体论上,从寻找"事实",检验实践者所持有的与"现实"不符的信念并加以干预,到认为"现实"是变动不居的、受情境制约,并不断被重构的。在认识论上,从强调认识的"客观性"和"确定性",转变为相信认识的"互为主体性"和"不确定性"。在理论上,从关注技术的"科学性"、"严谨性"与"精确性",转变为关注行动的"实践性"、"相关性"和"正确性"。

2. 行动研究的基本模式

行动研究的倡导者们通过摸索和探究提出了一套开展行动研究的基本模式,即:问题筛选—理论筛选—运用和反思[②]。

(1)问题筛选。教师对教育教学上存在的问题进行调查分析,在此基础上对问题作出归纳、分类形成一定时期内要解决的问题。问题筛选的作法为:A. 教师对自己的教学实践进行反思,并学习有关教育理论,形成发现教学问题的意识,提高发现和概括教学问题的能力。B. 教师自己(也可与专家或同事)通过临床监察或历史回顾等方式,分析教学过程中存在的问题,对个别教学问题作出概括和筛选,提出自己教学中的主要问题,并学习相关的教育理论知识。C. 结合自己的教学研究活动,或通过与专家、同事的讨论与交流,初步形成要研究的主要问题。D. 根据自己的研究条件和客观实际,对教学问题作出归纳、分类、筛选,形成一个自己需要重点解决的问题场。这样经过上述步骤筛选问题可以使教师明确某一个时期内行动研究的重点,为下一个阶段的理论筛选和与专家或同事的讨论、交流,确立基本的价值取向。

(2)理论筛选。教师根据自己筛选出来的某一个时期内需要解决的问题,从纷繁复杂的教育理论有针对性地选取合适的内容,为学习和运用提供现成的理论材料和操作性框架。A.据筛选出的问题寻找问题的理论背景。B.学习初步筛选的理论材料(还可以与专家、同事开展学习讨论)。C.筛选出适合自己需要的教育理论。

(3)运用和反思。教师按照计划、行动、观察、反思的一般过程,创造性地提出自己已经筛选的,针对性的教育理论,解决具体的教育教学问题,改善教学过程,并对实践的结果作出总结和反思,为下一个阶段的行动研究,进行问题和理论筛选的准备。A.教师回顾筛选的问题,结合自己正在进行或将要展开的具体教学过程,明确这些教育教学问题在自己的教育教学工作中的具体体现,并确立自己需要加以解决的问题。B.教师针对自己的教学问题,进一步学习筛选出的教育理论,获取开展行动研究改善教育教学过程的操作性,并且在备课中详细制定自己的行动策略。C.教师在实践情境中贯彻自己的行动策略,并自我监察,或与专家、同事共同观察和分析行动策略的进展,为进一步的总结反思积累必要的素材。D.总结与反思,对照原先确定的目标,检查改进的成效与存在的不足,总结行动研究的得失。这一环节需要教师撰写行动研究实践经验总结的小论文,教师通过小论文的撰写,既总结行动研究的基本得失,又记录教师开展行动研究的基本程序,提高行动研究的成效,同时强化教师开展行动研究的积极性,使教师形成牢固的研究基础,逐步摆脱对专家的依赖性。

3. 行动研究的一般程序

(1)对教育教学过程进行回顾,发现明确问题。教师借助内省和对话审视自己的行为,对自己熟悉的观念提出质疑,发现的不仅是"不足"或"缺陷",而且可以是对新的教学理念或教学模式的质疑,以及新的理论、新的模式与自己已有经验的比较中产生的各种想法。这一阶段强调对问题本身的确认即尽可能明确问题的种类、范围、性质,形成过程及可能影响。这一阶段是教师形成问题意识的阶段。

(2)分析问题、寻找问题的症结。通过对问题的分析和界定,教师把那些只能用模糊语言进行描述的问题转化为能比较准确的概念说明其实质的问题,使对教学现状的反思提升到对教学本质的把握,而找准问题的症结。

(3)假设一种或多种解决问题的办法或途径。教师根据自己对教学对象的了解,对自己的经验以及所能收集到的数据的分析把握,形成解决办法的不同设想,用来解释情境,从而形成一个总体的行动计划。这里计划应包含内容有:A.计划实施后预期达到的目标;B.对教育教学试图改变的因素;C.行动的步骤与时间安排;D.总体行动计划所涉及的人。

(4)实践、尝试解决问题。实践是检验真理的标准,解决问题的各种假设需要实践中寻找证据,进行证实真和伪。这一步骤是行动研究的核心。由于行动研究的根本目的是解决实践中的问题,改善实践的质量,因此更强调其情境性和实践性。这里的情境性和实践性是一个对立统一矛盾。情境是实践的基础,也包含了实践追求改善的内容。实践是具体情境中的实践,受情境因素的制约,同时实践又是引起情境变化的动力。因此,在这一阶段既要按总计划实施行动,同时又要对行动情况进行观察记录,收集有关数据,还要对实践情境进行不断的分析,充分考虑现实因素的变化,保证计划在实践过程的适当的弹性,根据需要作出适当的调整。

(5)反思总结。对明确问题、分析问题,提出假设、实践、尝试解决问题整个过程进行反思,进一步明确问题是否解决,解决到了哪一步,还有什么问题需要进一步解决,并在此基础发现新的问题或提出新的假设。在不断反思教学的过程中,把教学实践提升到新的高度,这种不断的反思有利于通过比较不同的策略,将相同因素提取出来,排除那些不恰当做法,有利于教师把某个情境中奏效的思考和行动迁移到新的情境中去。这一过程实际是对行动研究的评价,包括以下几个方面的具体内容:A.问题界定是否明确? B.行动操作定义是否清楚? C.研究计划是否周详? D.研究者是否按计划执行? E.资料收集与记录是否详尽无误? F.研究的信度与效度如何? G.资料的分析与解释是否慎重恰当?[①]

(三)促进教师专业发展的教学案例研究

教师专业化和教师专业化发展日益成为我国教育理论工作者、教育政策制定者和教师共同关注的焦点。许多优秀教师在专业化发展的道路上已经走得很远,有些教师想谋求专业化发展却苦于无

---

① 　周耀威.教育行动研究与教师专业发展.全球教育展望,2002(4).

"门"。那么,通过对个别优秀教师专业化发展的个案进行解读、研究,来促进更多教师走向专业化发展的道路,就显得尤为重要①。具体说来,着眼于教师专业成长个案的研究基于以下三点考虑的:

1. 教师专业成长需要典型案例的引领

教师专业成长不是自生自灭的"自在"之物,它需要典型案例的激励与引领。教师共同生活在校园里,周围生动鲜活的专业化发展的典型个案无时不在影响着教师,尤其是成功者的人格魅力、成长历程无不是一本生动的教材,对这些"教材"的解读无疑使教师们产生一种强大的自我发展欲望,主观的强烈追求将会成为教师迈向专业化发展的第一步。

2. 教师专业成长需要分享别人的成长经验

有人把教师工作描述成为一种孤独的职业,这是极其错误的。教师要想实现专业深入发展,必须充分挖掘利用各种有助于自我专业发展的资源。必须突破目前普遍存在的教师彼此孤立与封闭的现象,学会与同事、同行进行专业合作与交流,尤其需要分享别人的成功经验。其实,在日常生活中,许多优秀教师的成长过程中都会自觉或不自觉地向某些相关人物汲取成长的经验,从而勾勒自我的专业化发展蓝图。这种汲取在教师专业化发展早期显得尤为重要,可以说,教师总是在对别人成功经验不断创新与改造的基础上,勾画自己的发展方向,甚至中间还可能以新的关键人物代替原来认同的对象,并最终摆脱关键人物的影响形成独特的专业结构。

3. 教师专业成长的途径需要通过个案的探索进行有效的归纳

教师专业发展是一个终生的、整体的、全面的、持续的过程,涉及诸多错综复杂的因素,教师专业化发展的目的就是要教师养成善于分析和审视各种因素,学会并制定个人专业化发展的规划,并逐步走向专业化发展的轨道的能力,即实现教师的自我专业发展。因此,教师专业成长的研究必须着眼于教师的个案研究,通过这种个案的探索尝试进行有效的归纳、提升,形成一种较为普遍的规律,为更多教师的专业化引路导航。

(1)教学案例的含义。案例是指包含有某些决策或疑难问题的

---

① 陈桂生主编.到中小学去研究教育——"教育行动研究"的尝试.上海:华东师范大学出版社,2000.

教学情境故事,这些故事反映了典型的教学思考能力水平及其保持、下降或达成等现象。这类案例的搜集必须事先实地作业,并从教学任务分析的目标出发,有意识地择取有关信息,在这里研究者自身的洞察力是关键。教学案例是独具特色的教师培训材料,提高教师职业的专业化水平(工匠式—专家型,知识传承—引导创造),已成为世界各国教育改革的聚焦点。根据现代的研究,教师的专业成长(尤其是实践智慧的提高)与知识结构有密切的关系。不同阶段教师的专业知识,从一般原理规则的知识,到特殊的知识,再到运用原理规则于特定案例的策略知识是不同的①。近年来,国际教师教育研究表明:教师培训采用"基本课程+案例教学+实践反思"的模式,这是造就有经验教师和专家教师的必由之路。其中案例处于纽带和中介的地位。由于案例是课堂教学经验的整合,教师将其经验以故事的形式呈现,展示了他是怎样把学习目标、课程的基本特征以及学习模式综合应用于真实的课堂教学中,不仅对教师本人的意义非常重大,也给他人提供了对复杂的课堂教学进行反思的机会。

(2)教学案例的作用。案例是教学问题解决的源泉。通过案例学习,可以促进每个教师研究自己,分享成长的经验,积累反思素材,在实践中自觉调整教与学的行为,提高课堂教学的效能,案例是教师专业成长的阶梯。运用案例教学,可以将听讲式培训导向参与式培训,在搜集案例、分析案例、交互式讨论、开放式探究和多角度解读的过程,提高教师培训的针对性和实效性。案例是教学理论的故乡。一个典型的案例有时也能反映人类认识实践上的真理,众多的案例中,可以寻找到理论假设的支持性或反驳性论据,并避免纯粹理论的研究过程中的偏差。

(3)案例的形成过程。形成案例时常参考以下几个步骤,在研究过程中尽量注意选择适合的方法:操作步骤建议采用的研究方法确定教学任务的思考力水平与要求文件(如备课笔记)分析法、讨论课堂观察并实录教学过程课堂观察技术、录像带分析技术教师、学生的课后调查深度访谈、出声思维、实作测评、文件(如学习笔记)分法等分析教学的基本特点及与思考力水平要求的比较综合分析(主要是

---

① 郑金洲. 案例教学:教师专业发展的新途径. 教育理论与实践,2002 (7).

质的研究方法—撰写教学案例—撰写草稿—批判性评论—修改编辑—尝试使用—再修改)。

（4）案例的基本结构。每个完整的案例大体包括以下四个部分：

第一部分：主题与背景

每个案例都应提炼出一个鲜明的主题，它通常应关系到课堂教学的核心理念、日常问题、困扰事件，要富有时代性、体现改革精神。

第二部分：情境描述

案例描述应是一件文学作品或片段，而不是课堂实录，无论主题是多么深刻、故事是多么复杂，它都应该以一种有趣的，引人入胜的方式来讲述。案例描述不能杜撰，它应来源于教师真实的经验（情境故事，教学事件）、面对的问题。当然，具体情节可经适当调整与改编，因为只有这样才能紧紧环绕主题并凸显出讨论的焦点。

第三部分：问题讨论

首先可设计一份案例讨论的作业单，包括学科知识要点、教学法和情境特点，以及案例的说明与注意事项。然后提出建议讨论的问题，如学科知识问题、评价学生的学习效果、教学方法和情境问题、扩展的问题。

第四部分：诠释与研究

对案例作多角度的解读，可包括对课堂教学行为作技术分析，教师的课后反思等，案例研究所得的结论可在这一部分展开。这里的分析，应回归到对课堂教学基本面的探讨才能展现案例的价值，如果仅限于个别情境或特殊问题，或陷于细节、技巧的追索，会失去真正的意义和价值。

最后，案例可以是单个的，也可以是多个的，例如横向的差别比较，纵向的改变和进步，各有不同的作用。一个精彩的案例不亚于一项教学理论的研究，而且只有教师自己才最适合于做这种研究，当然专业研究人员的参与不可缺。中国的教师数量是世界上最多的，我们的教改实践具有长期积累的经验，我们应当有自己最丰富的、富有时代气息和民族特点的案例宝库。

总之，中小学教师时时都在面对纷繁复杂的教育现象，虽然案例研究不可能解决他们的所有困惑；但其"见一知多"的特点，以及强调"问题发现"的设问过程，直接促成了教师的职业内反思。更何况，中小学教师进行案例研究,有着得天独厚的优势与动力。同时,案例研究也将为他们的日常工作赋予研究性价值,有效提升其工作的专业水平。

(四)教师在参与校本课程开发中获得专业发展

校本培训有两种含义,一是以培训地点为依据,在学校内部进行的教师在职培训活动;二是以培训目的为依据,即以促进教师专业发展、改善学校和教学实践为中心的培训。目前国内的研究基本上都趋向于第二个角度来理解。基于这一点,可以看出校本培训这一概念至少有三层含义:强调在教学现场中提高教师的教学能力和教学质量,促使教师专业化走内涵发展的道路;学校在培训事宜上有较大的自主权,以学校为基础,依据学校及教师的实际来进行培训,解决学校教育教学实践中存在的问题;对学校的培训起积极作用的校外个人或团体,如教育专家师范院校等也能参与培训活动。根据培训对象的不同,分为新任教师入职培训和在职教师专业提高。

新任教师入职教育

＊入职教育的对象是入职 1～3 年内的新任教师;

＊入职教育是有计划、有系统并持续开展的;

＊入职教育的主要内容为教学的支持、帮助和评价,其中教学帮助极为重要;

＊入职教育的目标为发展新任教师教学能力,改善他们的教学行为,提高教学工作的有效性,减少挫折感,增强自信心,使他们尽快适应教师角色的转换,并为今后教师专业发展打下起步基础。

在职教师专业提高

经过入职教育、成为熟练教师通过外部力量进行的培训和自我培训使自身专业化程度得以提高的过程。

从专业发展角度看,教师的成长离不开教育教学实践,如果抛开学校去谈教师的专业发展或成长,那就失去了发展的基石和依托。因此教师的发展只能在学校中、在具体的实践中、在对自身实践的不断反思中才能完成。学校既是教师专业生活的场所,又是教师专业成长的地方。校本课程开发是以学校为基地的一种课程开发策略,也必然是教师专业发展的有效途径①。

1. 校本课程开发：教师专业发展的有效途径

就本质而言，校本课程开发的价值追求有三方面：学生个性的发展、教师专业的成长、学校特色的形成。这就是说，校本课程开发本身就以教师的专业发展为指向，是教师专业发展的有效途径之一。这可以从三个方面加以分析。

（1）教师知识的分类学

就知识角度而言，教师的知识一般可以分为三大类：本体性知识、条件性知识、践性知识。本体性知识是指教师所具有的特定的学科知识，如数学、物理、化学、语文、外语等，这些知识教师一般在师范院校中可以获得，而且对教师而言，本体性知识只达到一定的量就可以了，并不是越多越好。条件性知识是指教师所具有的教育学（包括教育与教学的一般原理、课程与教学的知识、课程评价的知识等）和心理学（教材的现顺序、学生的心理、知识的结构等）知识。这类知识一般是动态的，可以通过系统学习而掌握，但更多的是在课程实施过程中逐渐地了解和习得，需要动态性地去把握和领会并在实践中加以发展与加深。实践性知识是指教师在实际的教育教学工作中所具有的关于客观现实的背景知识。这类知识更多的是来自教师的教育实践，具有明显的经验性的成分，是教师经验的累积。换言之，实践性知识只能在教师的具体实践中获得。

从知识方面看，实践性知识的获得是教师专业发展的重要标准。因为对一个受过高等教育的教师来说，本体性知识与条件性知识并不是太缺乏，其发展主要是指获得更多的实践性知识。实践性知识的获得主要通过教师对自身教育教学实践的反思，而反思好是校本课程开发所特别强调的，这样校本课程开发本身就为教师的实践性知识的获得提供了一个平台。校本课程开发是学校中的一项新兴的活动，教师没有现成的经验可借鉴，整个开发活动具有极大的不确定性，因而反思就有其特殊的作用。虽然反思并是解除一切不确定因素的稳定剂，但它可以增强事情的预见程度，它可以在新的开始前，预想到各种行为可能会带来的后果。教师可以清楚地控制开发的进程，使整个开发活动有目的、有计划地进行。教师在反思过程中对课

---

① 顾峰．开展校本研修，促进教师专业发展．上海教育，2003(12)．

程开发的过程具有更多理性认识,在课程目标确定的前提下,教师可以反思达到这些目标的方法。如果这种反思十分周到的话,教师就可以在明晰了种种"前途"后,选择一种最佳的途径,设计出一个最明确的计划。

(2)劳顿的学说

英国课程学家劳顿认为,影响教师专业发展的因素有三个:技术的变化、教学思想变化、教学内容的变化。A. 技术的变化。到目前为止,人们还没有完全意识到技术变化及其潜力所产生的深远影响。技术的发展意味着教师不再被称作知识的仓库,教师应该熟练掌握获得知识的先进设备。如电视机、照相机、录音机、计算机等。B. 教学思想的变化。教学思想是随着社会的变化而不断发生变化,要做一个称职的教师就必须与社会发展保持同步,不断吸收新的教学思想,采用现代教学模式①。校本课程的内容大多来自现实生活,贴近学生生活,很多知识对教师来说也是陌生的。为了应对这种不断增大的学习内容,学生们期望教师跟踪学科内容的变化,并且期望教师了解课程规划,与课程设置,并调整传授方法。校本课程开发意味着教学思想的变化与教学内容的变化,其自然结果就是引发教师专业发展②。

(3)课程开发实践

教师参与课程开发必然促进教师的专业发展。因为介入课程开发以后,教师会面对新的教学观念、材料和策略的挑战。让教师参与课程发展,从理论上讲,能增进教师对学校课程乃至整个学校的归属感,可以提高教师的士气,提高教师的工作满足感和责任感,使教师对教学工作有更多的投入。有研究表明,参与课程开发的教师发现自己比原来能够教给学生更多的东西,而且教得更好,在课堂教学中更能指导学生使用学习材料和指导小组学习,对学生的期望有所变化。另有研究显示,教师参与课程发展与实施其参与发展的课程纲要之间存在相关;教师参与课程发展可以让教师对所教内容有更多的准备,也更为自信。可见"课程的变革,从某种意义上说,不仅仅是变革教学内容和方法,而且也是变革人。"课程开发过程实质上是一

---

① ［英］劳顿(Denis Lawton).课程研究与教育规划,1983.

② 陈永明.现代教师论. 上海:上海教育出版社,1999.

种变革过程。

课堂上重建他们的知识观及他们与学生之间的教育关系。课程开发意味着对教师在课堂上与学生协作阐述知识的方式所进行的不断的重组,同时对他们的教学进行再思考。这样课堂就不仅是课程的实施场所,而这也是进行教育学实验的实验室。教师也就自然地成为这个实验的主要参与者或者说是主持者。

2. 教师专业发展

校本课程开发是教师专业发展的重要途径。教师参与课程开发在精神领域、知识领域、技能领域三个方面为专业发展提供了可能。

(1)精神领域

校本课程开发对教师的精神世界有重大的影响。马克思主义认为,人在改造客观世界的同时也在改造自己的主观世界。校本课程开发的实践给教师带来了一系列新的观念,现择要说明如下。

以学生发展为本　校本课程开发表面上看是以校为本,但隐藏其后是以学生发展为本。学校是为学生存在的,课程是为学生开设的,教师所做的一切归根到底是为了促进学生的最大限度的发展。校本课程开发本身是以学生为本,所以参与校本课程开发有利于教师形成以学生发展为本的理念。

专家型教师　校本课程开发有利于教师创造潜能的发挥,使其体验成功,从而不满足于做一个消极被动的"教书匠",进而利用自己"讲台之主"的权利,强化反思意识从教育实践入手,便捷地进行研究,逐步拥有教学研究的态度和能力,并提升自己特有的"教学实践性知识",积极、主动地使自己走向"专家型教师"。

合作精神　教师职业的一个重大特点是"专业个人主义"这种特性使教师长期处于"孤军奋战"的境地。校本课程开发是教师、校长、家长、学生、小区人员广泛参与的活动,因而必然要求教师与教师之间、教师与校长之间、教师与学生之间、教师与家长之间、教师小区人员之间、教师与课程专家之间进行广泛的合作,长此以往自然就有利于教师合作精神的发展。

师生关系　校本课程开发扩大了信息来源,教师不再是知识的权威、真理的化身,所以学生可能超过教师,并把教师"问倒",这就可能引发"师生观"的转变和"好学生"理论的重建:允许学生提出不同意见,甚至反对自己的意见,并想方设法使学生超过自己。校本课程开发改变了学生原有的学习方式,探究性学习成为主流,这就必然会有这样那样的错误,因此教师要允许学生犯错误,甚至要鼓励学生"犯规"。如果一个学生只知唯师是从,而没有自己的观点,不敢也没有向教师质疑问难的习惯,那么不仅不利于学生自身知识的拓展、能力的形成、个性的张扬,也不利于教师的专业成长。

(2)知识领域

在知识领域,校本课程开发不仅使教师改变了对知识本质的看法,而且为教师知识结构的改变提供了可能。

知识本质 在西方的语言中,"知识"有两种用法:一种是 information,作为一个名词,指信息或消息之类的东西;一种是 knowledge,可以作为一个动词,指的是知道的过程。英国课程专家斯藤豪斯认为"知识不是需要学生接受的现成的东西,而是学生思考的对象,它不能作为必须达到的目标来束缚人,教育是要通过促使人思考知识来解放人,人变得更自由。"校本课程开发重视的不是现存的、静态的知识,而是强调学生自身体验,强调如何获取有用的知识,强调那些能够帮助学生思考与探索的东西,能够使人变得更为自由的东西。

知识结构 教师参与课程开发,首先要具有相应的课程理论知识,因此为了使自己的工作更具有成效性,教师就不得不认真学习一些课程理论,阅读大量的数据以完善自己的知识结构,以便用科学的理论指导自己的工作实践。这就必然引起教师知识结构的重组,以构建一个合理的知识结构。这个知识结构包括:一般的教育专业知识(一般教学知识、教育目的知识、学生身心发展的知识、教育脉络的知识)与教材有关的专业性知识(教材内容的知识、教材教法的知识、课程的知识)教学推理能力(理解、转化、教导、评价反思、新理解)。

(3)技能领域

校本课程开发有助于教师的技能发展,具体地说能提高教师的课程能力、研究能力和教学能力。

课程能力 校本课程开发要求教师自己确定课程目标、课程内容,负责课程实施、课程评估,而不仅仅是实施课程,因而必然有助于教师课程能力。确定课程内容或者说编制课程是一个创造过程,是教师对课程内容进行选择,并加以组织的过程。课程实施包括教学、学生自学、作业等形式,但最为重要的是教学。通过教学,教师不断地将课程的内容传授给学生,将静止的书面材料转化为具体的教学内容,最终使它们成为学生的经验。由于校本课程是基于学校而开发的,因而没有外来现存的经验可供参考教师必须自己根据实际情况制定评价方案并实施评价。

研究能力 校本课程的开发本身就是一个教师参与科研的过程,它要求教师承担起"研究者的任务,这对于教师研究能力的提高大有裨益。在校本课程开发中,教师不仅要研究校、学生、自己,还要研究课程制度、课程理论、课程开发方法等;不仅要研究问题解决,还要研究交往、协调的方法等等。校本课程开发强调教师的行动研究,即要求教师思考和系统地评定在一个教室或校中正在发生什么,从而采取行动去改进或改变某种情景或行为,并用一种不断改进观点去督察和评估这种行为的结果。

具体而言,教师要追问三个问题:a. 现在正发生什么? b. 在何种意义上这是一个问题? c. 对此我能做些什么? 而后进一步思考四个问题:a. 这个问题对我重要吗? b. 这个问题对我的学生重要吗? c. 探究这个领域有什么机会? d. 我的工作环境有什么限制? 就是在这种不断追问和思考中教师的研究能力逐步得到提高。

教学能力 教师参与课程开发也可以提高教师的学科教学能力。一般而言,学科教学都是站在一门学科的基础上,只看到整体课程的一个方面,不可能对课程有一个总体的把握,而只有站在整个课程结构的高度,才能对所教学科有一个全面的、整体的认识,也只有在整个课程发展与改革的高度,才能提高自己驾驭课程的能力,从而对所教学科有一符合学生实际的安排。此外,校本课程开发强调以学生为本,因而教师在进行教学设计时会更多地考虑学生的现实,使教学效果处于最佳状态。

(五)教学反思促进教师的专业发展

教师专业发展的重要支撑是教师的主体意识和研究意识。教师的研究能力,首先现为对自己的教育实践和自己身边发生的教育现象的反思能力。"应当鼓励教师把自我反思作为他们专业化的研究态度的组成部分。他们应当成为他们自己和他们的学生的优秀诊断者和观察者。只有这样,他们才能够真正当之无愧地从事教育这一伟大的事业"①。

美国心理学家波斯纳提出教师成长的公式:成长=经验+反思。他还指出,没有反思的经验是狭隘的经验,至多只能形成肤浅的知识。如果教师仅仅满足于获得经验而不对经验进行深入思考,那么他的发展将大受限制。考尔德希德说:"成功的有效率的教师倾向于主动地创造性地反思他们事业中的重要事情,包括他们的教育目的、课堂环境以及他们自己的职业能力","反思被广泛地看作教师职业发展的决定性因素"。反思帮助教师把经验和理论联结起来,从而更加有效地运用自己的专业技能。没有反思教学将只建立在冲动、直觉或常规之上。

叶澜教授指出:"一个教师写一辈子教案不可能成为名师,如果一个教师写三年教学反思就有可能成为名师。"作为教师,如只是读书、教书,不写作、不反思、不梳理自己的成败得失,不可能提升自己的教学理念,要使自己尽快成长起来,只有不断反思。坚持写教学后记或教学随笔,不仅能逐渐培养起随时开展教学反思的习惯,更能使我们逐渐向专家型教师靠近。因此,反思对教师改进自己的工作有独特作用,是教师获得专业发展的必要条件。

1. 反思及其特征

反思的思想起源于杜威,作为一个20世纪早期的教育思想家,杜威第一个把教师看作是反思性实践性实践者,看作在课程建设和教育改革中发挥积极作用的专业人员。他认为:"反思是问题解决的一种特殊形式,它是对于任何信念和假设性的知识,按其所依据的基础和进一步结论而进行的主动的、连续的和周密的思考。"杜威认为,反思不是一种能够简单的包扎起来供教师运用的一套技术,而是一种面对问题和反映问题的一种主人翁方式。反思由三种态度构成,即虚心,责任心,和全心全意。这三种态度的形成以及诸如观察和分析此类研究技巧的掌握就构成了反思性教师。到了80年代,国外对"反思"的研究日益重视,其中伯莱克认为:"反思是立足于自身之外的批判的考察自己的行动及情感的能力。使用这种能力的目的是为了促进努力思考,以职业知识而不是以习惯、任性或冲动的简单作用为基础的令人信服的行动。"90年代以来,我国学者开始涉及反思领

---

① 张素玲.教师专业发展的特点与策略.辽宁教育研究,2003(8).

域。对反思的界定主要有以下几种：

（1）反思是教师以自己的教学活动过程为思考对象，来对自己所做出的行为、决策以及由此产生的结果进行审视和分析的过程，是一种通过参与者的自我觉醒水平来促进能力发展的途径。

（2）教师的反思是指教师在教育教学实践中，以自我行为表现及其行为之依据的"异位"解析和修正，进而不断提高自身教育教学效能和素质的过程。

结合各家之言，对教师的反思可做如下界定：反思是指教师立足于自我之外的教育教学过程，对自己有的观念和所做出的行为以及由此产生的结果进行审视和分析的过程。

2. 反思的内容及策略

（1）反思的内容

反思的内容众说纷纭，各流派的学者都从不同角度阐述了自己的主张，伯莱克认为："这样的反思性定向包括：把理论性认识为基础的经验同实践联系起来，分析自己的教学和实现改革为目的学校情境；从多种角度审视情境；把机动方案当作自己的行动和行动的结果；理解教学的广泛的社会和道德的基础。"麦伦提出了反思的三个层次："第一层主要反思课堂情境中各种技能与技术的有效性，在这个层次上主要反思教学主题目的的适应性和教学策略使用的合理性；第二层：主要针对课堂实践基础的假说和特定的策略以及课程的结果。教师开始把教育的理论标准运用于教育实践，以便做出教学内容等方面的独立决策；第三层次：主要针对道德的和伦理的以及其他直接的或间接的与课堂有关的规范性标准。布鲁道赫等在鉴赏其他人思想的基础，认为反思实践可分为三类：一是对实践后反思，二是实践中反思（发生于整个教学实践过程中），三是为实践反思（是前两种反思的预期结果）。

（2）反思的策略

"走进实践教育"让我们明确了实践教育的基本理念，明确以校为本的课改发展主体思想，迈开了我们有的"实践教育研究"的步伐；"构建实践的课堂"，把实践教育研究的着眼点落实了课堂，抓住了课程改革的关键，并探究实践的课堂的基本模式及课堂实践的操作样式使研究获得了实质性的推进；"在课堂实践中成长"，进一步地推进了课堂教学的实践研究，在课堂实践中促进了教师的专业水平和学生学习能力的同步发展,课堂教学以学生为主体的思想成为教师的课堂行为,课堂教学出现了新的生机;追求课堂教学实践有效性,更进一步深化了课堂教学实践研究。尤其是通过"一人一课"展示等活动,使得课改的深化真正成为教师的群体行为,浓重了课堂研究的氛围,提高了课堂教学的效率,教师的专业化发展跃上了一个新的层面……课堂教学改革和教育科学研究需要教学行为的不断跟进,教师的发展也需要范式的不断更新①。学校的实践教育特色创建更需实践探索的深入和理论层面的提升。因此,我们必须提高认识,形成共识,以下是我的一些认识与体会:

加强理论学习,潜心教育科研　对行为的反思需要以理论为指导,缺乏理论指导的反思只能是粗浅的反思。只有将实践中反映出来的问题上升到理论层面加以剖析寻根问底,使主体的合理性水平得到提升和拓展,然后再到实践中去探索,才能使教学能力与反思能力逐步得到提高。系统的理论学习有利于我们形成一种正确的方法论的时间,也有利于我们确立正确的教育教学理念。未来教师的教育理念主要是在认识教育未来性、生命性和社会性的基础上,形成新的教育价值观、教育质量观和教学观、教师观。无疑这些先进的理念对教育教学实践活动起着指导作用,而理念的养成往往就是学习与反思的结晶。教育科研与对日常教学行为反思的关系是相辅相成的。首先,对日常教学行为的反思是教育科研的基础,对日常教学行为反思所累积的研究材料和思想认识是教育科研选题的重要来源。其次,教育科研是对日常教学行为反思的提升。教育科研也对教育行为进行反思,但教育科研对实践的反思有明确的主题和研究目标,是比较系统和过程比较严谨的反思,另外,在教育科研中形成的方法、技术和反思意识有助于提高教师对日常教学行为进行反思的能力。

勤思多记,撰写反思札记　教师的反思行为不是一朝一夕的事情,要持之以恒贯穿教学活动始终。教学过程中的丝毫火花、点滴感受,都是反思的结果,也是进行反思的基础。优秀的"教后感"、反思札记包含着对教学行为进行反思修正的执著热情和热切愿望。反思札记可包括教学的背景、效果,上课的具体感受,存在的问题,对当前

---

①　郭东岐.教师的适应与发展.北京:首都师范大学出版社,2001.

预定目的和要求的实现程度,反思后的解决办法和设想,以及教育教学中的突发事件,自身价值观,道德观的悸动等,通过以上的对事实的客观叙述,分析积累,使问题得以解决,经验得以提炼和升华,缺陷之处得以完善,更好地为未来的教学实践打下坚实基础。

听课观摩,相互交流　通过观摩别人的公开课、分析别人的成功和失败的原因来反观自己的教学行为,是教学反思的一条重要途径。观摩他人成功的教学可以为我们提供一个个活生生的教育思想和方法的典范,让我们感受与学习不尽相同的授课内容组织形式、教学风格;即使观摩不很如意的实验课,也可使我们借鉴教训,少走弯路。同时我们更倡导自己力争上公开课,借助他人的反思,促成自我发展。大凡上公开课,自我进取意识和成功期待较强烈,钻研较深刻,反思更迫切;备课时,往往教研组群策群力,共同反思推敲,互助合作。群策群力研究共商讨,在综合反思基础上形成较优化教学计划。这也是今后教学前反思的参照与蓝本。上完课后的交流评课,大家畅所欲言,又一次各种反思的碰撞与交流,使反思达到了更高境界。实践证明,这种方式是教师个人和群体发展的良好途径。

七、教师评价

　　教师评价是教师专业发展有机组成部分,是重要的反馈调节环节。教师评价是对教师工作现实的或潜在的价值做出判断的活动,是指通过对教师专业情况进行直接或间接的测验从而把握教师的特点、属性和现实水平,掌握教师发展的动态过程,进行价值判断,从而影响教师专业发展的过程。根据评价目的的不同,教师评价可以分为奖惩性评价和发展性评价两种类型。奖惩性教师评价以奖励和惩处为最终目的,通过对教师工作表现的评价,做出解聘、晋升、调动、降级、加薪、减薪、增加奖金等决定,注重评价的筛选功能;发展性教师评价以促进教师的专业发展为最终目的,它是一种双向互动的教师评价过程,建立在双方互相信任的基础上,注重评价的激励功能。这两种评价的价值取向是不同的,奖惩性教师评价是目标取向的评价,追求对教师教育活动的有效控制和改进,最大的缺点是把教师复杂的心智活动简单化、客体化,忽视人行为的主体性;发展性教师评价是主体取向的评价,把评价活动看作是评价者与被评价者共同建构意义的过程,是民主参与、协商和交往的过程,其基本的特征是价值多元和尊重差异,符合教师专业发展的规律。

在新一轮基础教育课程改革中,教师评价适当与否,不但影响教师参与教改的热情,而且与教师工作成效和专业发展密切相关。因此,明确新课程观下教师评价的基本特征对顺利完成教改任务起着十分重要的作用[1]。《基础教育课程改革纲要(试行)》指出:"建立促进教师不断提高的评价体系。强调教师对自己教学行为的分析"反思,建立以教师自评为主,校长、教师、学生、家长共同参与的评价制度,使教师从多种管道获得信息,不断提高教学水平。

教师发展性评价是一种以教师为本,注重教师主动发展的评价体系。学校在实施教师发展性评价的实践研究中,以专业为引领,同时,积极创设自主发展的管理机制,提供研训一体的实践平台,提供充足的网络资源,帮助教师发展。实践证明教师发展性评价制度的实施在教师的教育教学过程中具有明显的激励功能、教育功能和反思功能,有利于形成教师主动发展的机制,促进学校的可持续发展[2]。

发展性教师评价制度行动研究的效果与成败,与一套行之有效的教师评价体系密切相关。发展性教师评价指标是评价教师发展的内容,是教师发展的目标和前进的方向。因此,学校在进行发展性教师评价制度行动研究时,根据学校的实际,以教师发展为本,制定发展性教师评价指标就显得格外重要。我校在实践的过程中注重突出教师在评价中的主体地位,强调教师对制定发展性教师评价指标的积极参与程度,重视通过回馈与教师一起提出改进建议。因为我们认为只有这样,才能让教师非常明了自己接受评价的具体内容。能让教师根据岗位职责制订书面的个人发展目标和计划,使教师感觉到他的一步一步发展是有目标的。这个发展性教师评价指标的制定过程本身就是教师自我教育、自我学习、自我提高的过程。

---

[1]　金娣.教育评价与测量.北京:教育科学出版社,2002.

[2]　梁杰.教育评价如何改革创新.中国教育报,2004(10).

(一)评价目的:促进教师专业发展

高田钦(2008)[①]对教师发展评价的特点做了全面的阐述:教师发展评价的目的是既注重结果又注重过程的一种形成性评价,它不仅关注教育质量的提高,而且关注教师的专业发展和个人成长。在评价过程中帮助教师制定发展目标,激发教师的发展需求,为教师发展创造条件。它还通过他人评价和自我评价不断调整策略和行为来促进教师发展,进而提高教育教学质量,实现学校的发展目标。

景怡光(2007)[②]立足于以人为本的科学发展观,推进基础教育改革与发展,推进义务教育新课程的实施,推进教师评价改革,建立教师发展性评价体系。我们的教育不仅要以人为本,促进学生的全面发展,而且要以人为本,促进教师的全面发展。因为教师发展了,才能促进学生的发展;教师发展了,才能促进学校的发展。所以,义务教育新课程强调不仅要建立学生发展性评价体系,还要建立教师发展性评价体系。

林振平,陈存志,朱石燕(2008)[③]立足于高校体育教学中的教师发展评价,探讨了此种评价的特征与对高校体育教学中教师发展性评价的建构。教师发展性评价特征:①教师发展性评价的方向是面向未来的,教师发展性评价是一种以促进教师和学校未来发展为目的,以"发展为本"的评价制度。②教师发展性评价的目的是促进教师专业发展。

通过研究我们发现,大多数的研究者在论述教师发展性评价的目的时,通常认为教师发展性评价促进教师的全面发展,进而提高教育教学质量,实现学校的发展目标。

从理论上看,教师评价的目的主要有两个方面:一是"提高教学效能",即通过衡量结果、评判等第、明确职责、奖优罚劣或解聘不称

---

① 高田钦.大学教师实施发展性评价的必要性与策略分析.南通大学学报(教育科学版),2008 年 6 月第 24 卷第 2 期:32－35.

② 景怡光.坚持以人为本的科学发展观建立教师发展性评价体系.辽宁教育,2007.4:13－14.

③ 林振平,陈存志,朱石燕.高校体育教学改革中的教师发展性评价研究.体育科技文献通报,2008 年 2 月第 16 卷第 2 期:13－14、23.

职的教师来保证教学质量的提高,它通常与教师聘任、提升、增薪等人事决策相联系;二是"促进教师专业发展",即通过诊断问题,提供教师优缺点信息,鼓励改进,帮助教师不断提高业务素质和专业水平。目前,我国教师评价体系主要以提高教学效能为主要目的。这种评价体系与其基本理论假设是分不开的:一是现行教育中存在低效的教学和不合格、不称职的教师;二是在可预见的时间内,要使这些不合格的教师把自己的教育质量提高到预期水平。新课程背景下教师专业发展的实现和评价要依靠实施奖惩和施加外部压力;三是在学校教育活动中,实现外部组织目标比满足教师个人内在需求更为重要[①]。因此,必须加强评价,否则就会降低教学质量。这种教师评价体系尽管在历史上起着一定的积极作用,但也有其自身难以克服的缺陷:首先,使教师片面追求学生考试成绩和升学率,阻碍了素质教育的顺利推进。教师所关注的是积累考试资料,强迫学生掌握与考试相关的知识,提高学生应试技能。这种残缺不全的评价活动,不但难以促使教师培养学生的创新精神和实践能力,而且扭曲了学生的心灵,违背了素质教育的根本宗旨,是一种反人性、反教育、反发展的评价。其次,不利于教师的专业发展和整个教师职业的专业化。现行教师评价体系使教师无暇顾及本学科的前沿问题,无暇考虑教育教学方法的真正改进,无暇顾及也无力开展真正的教学科研,窒息了教师专业发展的内在需求和动力,进而造成整个教师职业专业化发展的迟缓和落后。

　　新课程倡导教师评价以促进教师专业发展为根本目的,要求建立发展性的教师评价体系。发展性教师评价体系的主要特征是:学校领导注重教师的未来发展;强调教师评价的真实性和准确性;注重教师的个人价值、伦理价值和专业价值;实施同事之间的评价;由评价者和评价对象配对,促进评价对象的未来发展;发挥全体教师的积极性;提高全体教师的参与积极性;扩大交流管道;制订评价者和评价对象认可的评价计划,由评价双方共同承担实现发展目标的职责;注重长期的发展目标。发展性教师评价与其基本理论假设是分不开的。其一,对于教师而言,内部动机比外部压力具有更大的激励作用。因为受过较高层次教育的人主要的激励作用来自自我激励,外

---

① 陈玉锟.教育评价学.北京:人民教育出版社,1999.

部压力可以迫使他们达到最低的标准,但很难使他们达到优良的水平。其二,教师是一群具有学习能力的专业人员,应该或者愿意改进他们自己的工作表现,寻求专业的发展。当教师获得足够的信息与有用的建议后,他们就有可能达到预期的水平。其三,作为专业工作者,教师对自身的职业具有较高的热情。如果工作所需的条件能得到满足的话,他们就会爆发出极大的创造力,以改进他们的教学、科研活动,提高他们教学、科研的水平。

研究表明,教师中大多数都有强烈的事业心,希望自己的工作做得更好,因而在大多数情况下帮助他们发展比判断他们工作的等第更有意义。为此,在新课程实施中,评价者应注重学校发展的长期目标,让教师充分了解学校对他们的期望,培养他们的主人翁精神;根据教师的工作表现,确定教师的个人发展需求,制订教师的个人发展目标,向教师提供日后培训或自我发展的机会,提高教师履行工作职责的能力,发挥全体教师的积极性,从而促进学校的可持续发展。

(二)评价功能:强调展示成就与改进激励

徐磊(2008)[①]立足于新时代,对教师发展性评价对教师发展的有利因素做出了阐述:①教师发展性评价是一种纵向评价、形成性评价,是立足于教师当下的基础和背景,因材施评,实施个性化评价,能够帮助教师充分认识当下自我,引起教师反思,确定发展新思路、新举措,调整好心态,重新上路,为实现生命成长奠定坚实基础。②教师发展性评价,鼓励教师进行自我评价,通过自我评价,教师可以提醒自己的职责范围,也可以评价本人目标的达到程度、教学技能的改进程度和知识的增长程度。③建立教师发展评价体系,促进教师生命成长,在评价中坚持以人为本,坚持教师评价的发展性;全面发展,坚持教师评价的整体性;自我发展,坚持教师评价的主体性;合作发展,坚持教师评价的互动性;可持续发展,坚持教师评价的激励性。④教师发展评价助推教师专业化快速发展;多措并举,提升教师专业素质;合作互助评价,让教师在课堂中不断提高;关注教师心理健康,塑造阳光心态。

---

①　徐磊.发展性评价促进教师生命成长.小学校长,2008(4):96—97.

王发成（2007）[①]认为教师发展性评价的主要功能有：①考察教师是否履行了应有的工作职责，他们的工作表现是否符合校方的期望与要求。②根据教师的工作表现，判断他们是否已具备了奖励和惩罚的条件。

苏国（2008）[②]指出教师发展性评价结果可以帮助教师改进，并能作为年度考核、岗位聘用、专业技术职务评审和聘任及推荐和评选先进的依据。

研究者在论述教师发展性评价的功能时，普遍认为教师发展性评价能帮助教师充分认识当下自我，提醒自己的职责范围，并能促进专业化快速发展，而且能为管理的实施提供科学的依据。

现行教师评价的功能主要是鉴定分等、奖优罚劣。它着眼于教师个人的工作表现，特别是教师在评价之前的业绩。体现在：

第一，表明教师是否履行了自己的工作职责，他们的工作表现是否符合学校的期望。这种评价常把学校视为一个"机械性组织"，把教师看成机器的一个配件，认为教师只能服从管理人员的权力，按照管理人员的命令、指使干活。

第二，根据教师的工作表现，判断他们是否具备奖励或处罚的条件，评价结果往往作为领导决定教师是否解聘、降级、待岗或晋级、加薪等的依据。应当说，发挥评价的鉴定分等、奖优罚劣功能在一定意义上可以调动教师的工作积极性，实现学校发展的基本目标。但这种动力是自上而下的，只能引起少数人的共鸣和响应，而不是自下而上的，引起全体教师的共鸣和响应。一般而言，发挥评价的这种功能只适用于"任务式的管理"，领导只关注教育质量，不关心教师。其次，这种评价还可能引发教师间的激烈竞争，竞争过于激烈将不利于教师间、教师与领导间的团结与协作，也不利于学校中民主气氛的形成，在一定程度上还会影响教师的身心健康。

第三，可能引发一些教师的逆反心理，反正只有少数人获得奖励或晋级，自己只要达到基本要求就足够了。

第四，由于评价者与被评者是一种不平等的关系，评价者难免产

---

① 　王发成.教师发展性评价的理论与实践.新课程·中学,2007年12月8日:59.

② 　苏国.教师发展性评价思考.校长论坛,2008(10):91.

生居高临下的心理状态,或以挑剔的眼光对待被评教师,容易导致教师对评价活动产生抵触情绪,甚至产生与领导间的隔阂。新课程倡导教师评价要发挥展示、改进、激励的功能,把评价看成是教师展示才华、追求卓越、完善自我、不断发展的过程。这种评价把学校视为一个"有机性组织",重视人的因素,把人看作有进取性的人,激发人的内在动力,自觉地发挥能量达到组织的目标。因此,评价首先要肯定教师的成绩和进步,发现和发展教师的特长,激发教师的成就欲望。其次,要为教师改进工作提供明确的标准,评价者应把国家、社会对教师的要求体现在评价准则中,并根据教师的实际情况加以具体化和操作化。

第五,提供教师改进工作的回馈信息,帮助教师反思和总结教学中的优势和不足,分析产生问题的原因,探讨解决问题的途径和方法。

第六,帮助教师确立自我发展的目标和未来专业发展方向,引导教师以社会主流价值为导向,将个人价值与社会价值融为一体。只有这样,才可能促进教师个人需要和学校集体需要的融合,促进"机械性组织"和"有机性组织"的融合,促进教师心态和学校氛围的融合,促进教师的现实表现和未来发展的融合,促进教师受益和学校受益的融合,促进教师正式组织和非正式组织的融合①。

(三)评价内容:突出综合素质、重视个体差异

目前,教师评价比较注重对教师某一方面或某一时间范围内的单项评价,如教学度、教学成绩、班主任工作,或者一堂课、一个教学单元、一次家长会议等,一些学校甚至学生的考试成绩或升学率作为评价教师的唯一指标。在这种评价机制的驱使下,教师工作的目的不是为了学生,而是为了获得领导、同事、社会、家长的认可以及职业升迁,甚为了可怜的奖金和表扬,拼命加班加点,搞题海战术,限制了学生其他方面的发展。这种教师评价体系既是"应试教育"的直接产物,又使片面追求升学率的倾向得以强化和巩固。同时,现行教师评价也忽视教师的个体差异,用统一的标准规范,要求具有不同教学风格和方法的教师,不但抹杀了教师的个性,而且也不利于教师的专业

---

① 金娣.教育评价与测量.北京:教育科学出版社,2002.

化成长和学校创建特色。

新课程观下的教师评价强调对教师进行综合评价。综合评价就是用动态的、发展的眼光,对教师工作的各个环节进行系统的、全程的、较长时的、循环往复的评价。教师从事的教育活动是一个长期复杂的过程,工作中的任何成绩都是日积月累的结晶,绝非一朝一夕的产物,仅仅依靠一、两次的单项评价,不可能真实反映教师工作的整个发展过程,也必然导致评价结论与教师实际工作表现的偏差。缺少综合评价,就无法全面了解评价对象的工作表现,无法把握教师的发展倾向和发展需求,也无法修正评价过程中的晕轮效应、趋同效应等引起的各种偏差。因此,新课程必须强调对教师进行综合评价[①]。

同时,新课程观下的教师评价也注重教师的个体差异。由于教师在个性心理、职业素养、教学风格、交往类型和工作背景等方面都存在较大差异,因此,评价应根据这种差异,确立个性化的评价标准、评价重点以及选择相应的评价方法,有针对性地对每位教师提出改进建议、专业发展目标和进修计划等。只有这样,才能充分挖掘教师的潜能,发挥教师的特长,更好地促进教师的专业发展和主动创新。

(四)评价方法:注重质性评价、主张自我反思

现行教师评价主要采用量化考核、静态终结性的评价方法。量化考核是对教师的行为进行数量化的处理,以数据的形式对教师工作状况做出评价结论。不难发现,在一些评价者的心目中,量化就是科学。某些学校的教师评价实际上就是教学工作量与学生考分相加之和。人们过于注重量化结果,其原因是对科学的顶礼膜拜,似乎认为只要目标分解了,加权赋值了,指标量化了,评价活动就科学客观了,实际情况远非如此。随着教师评价内容的综合化,以量化的方式评价教师工作状况则表现出相似化、简单和表面化的特点,教师工作的生动性、丰富性,以及鲜明个性特征被泯灭在一组组抽象的数据中,把复杂的教育现象简单化为一组组指标,往往丢失了教育中最有意义、最根本的内容。

同时,现行教师评价也是一种静态终结性的评价。在评价方案实施时,教师由于受心理和生理因素影响,有可能表现失常,因而难

---

① 王汉澜.教育评价学.开封:河南大学出版社,1995.

以代表教师的真实水平。目前又缺乏与之相应的诊断、矫正机制,故这种静态性终结性评价难以保证得出公正、客观的评价结论。新课程要求教师评价以质性评价为主,主张教师自我反思。我们知道,任何事物都存在质和量的规定,如果离开了对事物质的把握而单纯追求可操作的量,那显然是违背科学精神的。同时,由于教师劳动是一项复杂的劳动,具有任务的多样性、教学过程的复杂性、劳动的集体协作性、劳动手段的特殊性和灵活性、劳动成效的长期性和教师言行的示范性等特点,需要评价者通过现场观察甚至亲自参与,或者是与有关人员进行深入交谈,以及查阅有关书面材料等方式,对评价对象的属性在概念或程度上作质的规定,然后进行分析评定,以说明评价对象的性质和程度。因此,新课程评价的方法性评价和量化评价相结合的基础上,注重质性评价。在开展质性评价时应特别注意几个关键要素:

一是"背景"。即人的行为要素要放在特定背景下评价才能得到真正理解。二是"个人感受"。质性评价必须理解评价对象个人丰富多彩的经历、愿望和想法。三是"定性数据"。不是寻找个人行为之间的定量关系,而是在纯自然的条件下观察、收集评价信息。与此同时,新课程也主张通过教师自我反思的途径开展评价活动,要求教师学会制定个人专业发展计划,记录有关事件以及建立自我剖析档案,并与其他教师交流、分享与合作,最终养成反思的习惯和形成良好的反思技能。教师自我反思不仅有利于收集到准确的评价信息,作出客观正确的判断,也有利于被评教师本人发现问题并主动改进和提高,有利于消除被评教师和评价者之间的对立情绪,使被评教师能自觉地接受和理解评价结论。

(五)评价主体:以自评为主、各方协同参与

现行教师评价强调自上而下的考核,忽视自我评价。在这种被动接受评价的过程中,评价者与被评者扮演的基本上是管理者与被管理者的角色,他们对评价项目指标的制定、评价的具体操作步骤、评价结果的解释等没有太多的发言权,往往处于被动、消极的地位。评价主要考虑组织的目标,较少考虑教师个人的需求和生活状况,因而,教师大都持冷漠、应付、对立、讨厌、拒绝或者害怕、恐惧、逃避的态度,难以引起教师的兴趣,难以激发教师的主动积极性,甚至出现弄虚作假的行为①。新课程倡导教师评价是一种发展性评价,它以评价对象为主体,注重评价对象的个人价值,重视提高评价对象的参与意识和主体意识,发挥其积极性。这是教育过程逐步迈向民主化、人性化发展进程的体现。20世纪80年代以来,管理学理论有了重大发展,进一步认识到个人在组织中的价值,包括个人发展、个人激励、个人自治、自我实现的价值。作为个人,教师希望并且能够掌握自己的发展方向和未来前途,在组织的目标范围之内评价自己的优点和缺点,决定和实现自己的发展需求。具体而言,在评价开始时,评价者应与被评教师沟通协商,根据教育教学实际和教师本人的情况,形成个体化的评价目标和评价方法。在收集评价信息时,选择恰当的管道和方式,鼓励教师自主提交评价数据,给教师提供表现自己能力和成就的机会。同时,创设宽松的氛围,鼓励教师反思教育教学过程中遇到的困难和存在的疑惑,并与教师一起分析和探索。在分析评价数据和数据信息时,要与教师进行充分的交流与沟通,注重资料的背景和影响因素。达成评价结论的过程要与教师一起进行讨论,对教师存在的优势、不足和进步尽量形成清晰一致的认识,注重引导教师分析现象背后的原因,提高教师自我反思和总结的能力,并且与教师一起寻找出改进教育教学实践的建议。同时,新课程主张实施领导、同事、学生、家长的多元评价,使被评教师从多渠道获得回馈信息,更好地反思和改进教育教学工作。从某种意义上说,同事、学生和家长都是教师的工作伙伴,他们不但直接或间接参与了教师的教育教学活动,而且能够从不同的侧面反映教师的工作表现,对改进、提高教师工作质量都会产生积极影响。因此,新课程强调为同事、学生和家长创设积极参与评价的氛围,同时被评教师要端正态度,认识到他人评价所提供的信息对于自己改进和发展的重要作用,以积极的态度和宽广的胸襟接受他人的评价。

实践证明:发展性教师评价促进了教师的主动发展,提升了学校教学工作的价值取向,有利于促进学校的整体发展,促进学生的发展,促进教师的发展,形成稳定的教学制度。便于积淀成积极的学校文化,使学校成为师生成长的幸福家园,引导师生追求生命的意义。

---

① 陈霞.在教学中运用真实性评价的理论与方法.全球教育展望,2002(4).

(六)教师发展性评价存在的问题

很多研究者针对教师发展型评价存在的问题作出了自己的评述。有代表性包括：

王发成(2007)[①]对教师发展性评价的各个方面都进行了较为详细的分析。存在问题：(1)现行教师评价工作的功能发挥欠佳。(2)搞好教师评价的关键是确定一个科学合理、具体明确、易于操作的评价标准。

李华(2007)[②]指出目前高校教师评价中存在的问题有：评价指标或标准单一，评价过程、方法不能保证结果的有效和公正。

宋巍(2008)[③]指出，目前我国高校青年教师评价现状表现为：(1)评价制度轻视促进成长功能。(2)评价客体处于被动地位。(3)评价内容机械单一。(4)评价中缺乏有效的沟通和反馈。

毛景焕(2007)[④]指出发展性评价缺乏成效的原因在于：(1)发展性评价的主体地位没有被确立。(2)缺乏真诚交流的氛围。(3)评价缺乏后继性——人力不足,成本较高简化和改进发展性评价,使之形成一套操作性强、具有成效的评价体系必不可少。(4)教师缺乏对教学的理性思维。

经过我们的研究,发现前人在对教师发展性评价的研究时表示,在实施过程中存在以下问题：现行教师评价工作的功能发挥欠佳,评价指标或标准单一,评价过程、方法不能保证结果的有效和公正,发展性评价的主体地位没有被确立,缺乏沟通和反馈,操作性不强。

(七)教师发展性评价体制的改进建议

范黎辉(2007)[⑤]指出教师发展性评价的实施过程中应注意处理

---

① 王发成.教师发展性评价的理论与实践.新课程·中学,2007年12月8日:59.

② 李华.浅谈高校教师的发展性评价.新西部,2007(14).

③ 宋巍.浅析高校青年教师发展性评价.科教论丛,248-249.

④ 毛景焕.以团队力量促进教师发展——高校教师发展性评价研究.高教发展与评估,2007(1).

⑤ 范黎辉.在实施发展性教师评价过程中应注意的几个问题.科技信息,2007(25):326.

好以下一些问题:处理好教师发展性评价和教师业绩评估的关系;保证评价过程的民主性;评价要与教师的自我评价相结合;正确处理教师个体发展和学校发展的关系等。

王海军(2008)[①]通过对教师发展评价机制出现的问题加以分析,从教师这一特殊社会角色本身出发,掌握教师工作的自身特点,以教师的终身发展为本,结合单位工作实际,作者对建立中学教师发展性评价机制中存在的一些思想意识方面的问题作一些探讨,以此澄清认识,辨明方向:(1)以人为本地进行教师发展性评价的时候,要站在教师的角度,立足教师意愿,从教师工作本身出发,兼顾教师发展和学校发展两方面利益,这样才能真正建立既有利于学校发展、又有利于教师发展的评价体系。(2)要以教师的终身发展为根本,要在兼顾"工作者"和"社会人"的基础上对教师进行评价。(3)不能把教师所教班级学生的考试成绩作为评判教师工作的唯一标准,要兼顾多元要素,进行综合评价。(4)把肯定别人,赞赏别人,作为构建教师发展性评价体系的前提。

张来成(2008)[②]通过对教师发展性评价日益显现出的弊端进行分析,对教师发展评价提出了一些建议:(1)进一步加强教师在评价中的主体性地位,将道德精神注入教师评价体系中去。使发展性评价成为为了学校、教师、学生着想的评价,而不是某些人为了自身利益践踏他人利益的一种工具。(2)实施评价制度改革,应遵循评价多主体互动化,评价内容多元化,评价过程动态化,评价方式多样化等多项原则,改革教师评价的内容、要求、方法,促进教师的专业化成长。(3)教师发展性评价要恰当处理业绩评价和发展性评价的关系,不要因为素质教育改革而使教师评价从单纯的业绩评价走向另一个极端完全抛弃绩效评价。(4)教师发展性评价的本土化研究成为研究发展趋势:在发展中恰用奖惩;借助科学完善评价体系重视人、"重视人的价值"、重视人的个性以及确立人的中心地位的教师发展性评价;在过程性评价中,除了要注意搜集各种信息并及时反馈外,还要适时地运用终结性评价。总之,教师发展性评价对教师的发展起着

① 王海军."从不想做校长的教师不是好教师"说开去——对建立教师发展性评价机制的几点思考.中学校长,2008(6):25,106.

② 张来成.对教师发展性评价的探析.基础教育,2008(18):230.

非常重要的作用,我们只有在借鉴的基础上,结合我国的实际,对其进行本土化改造,才能摸索出一套行之有效的教师评价方法来。

张红霞(2007)[①]在文中谈了一些对教师发展性评价的建议与思考:(1)教师评价必须改变以往评价者高高在上的姿态,从对教师冷冰冰的审视和裁判转向对教师的关注和关怀;从指令性的要求转向协商和讨论式的沟通和交流;从教师被动接受检查转向多主体参与的互动过程。(2)教师发展性评价关注教师的背景和基础,关注教师的个体差异,通过多种渠道收集体现教师教学表现和水平的资料,鼓励教师积极参与到评价中并反思自己的教学。建立发展性的教师评价体系有助于提高教师的职业素养和教育教学能力激发教师不断改进教学理念和教学方法。(3)教师发展性评价与业绩评估应该适当分离,虽然业绩评估可以参考日常发展性评价的资料,但一定要告诉教师,而且应该给教师自主权,在日常工作中尽力表现出能够体现自己职业素养或教育教学能力的资料和证据。(4)教师发展性评价强调突出教师的主体地位,鼓励教师进行自我评价,在突出教师本人在评价中的主体作用的同时,还应重视和充分发挥学生、家长和同事评价的作用。

李华(2007)[②]指出改进高校教师评价工作应该注重自我评价的应用,以及教师发展性评价的应用。

谢萍(2008)[③]指出发展性评价应:(1)注重"以学评教";(2)关注教师的个体差异;(3)定位于甄别和促进——发展性的教师评价的重点在于诊断教师教学的问题,制定教师发展的目标,满足教师个人发展的需要,在造就自我发展的同时,成就学生的发展。同时,作者提出如何将学生和家长也纳入到教师综合考评中来,逐步建立起全面、科学的评价机制,将是我们下一步努力的方向。

通过研究我们发现,大多数的研究者在论述教师发展性评价实施的建议时,通常认为应该处理好以下问题:处理好教师发展性评价和教师业绩评估的关系;保证评价过程的民主性,进行综合评价;评价要与教师的自我评价相结合;正确处理教师个体发展和学校发展

① 张红霞.关于教师发展性评价的一些思考.科教视野,2007(20).
② 李华.浅谈高校教师的发展性评价.新西部,2007(14).
③ 谢萍.用发展性评价润泽教师职业生命.广东教育,2008(1).

的关系等。同时,谢萍(2008)提出如何将学生和家长也纳入到教师综合考评中来,逐步建立起全面、科学的评价机制,将是我们下一步努力的方向。

八、教师的职业倦怠

(一)教师职业倦怠的基本概念

马勒诗(Maslach)认为,职业倦怠是那些需要持续的与人互动的行业中人们在经历了长期连续压力下的一种消极的反应,如情绪疲惫、态度消极、个人成就感和效能感降低、生理相应出现问题等。而在20世纪80年代,皮特斯将职业倦怠描述为一种个人能源或适当的能量(包括心理、生理、情绪资源)的耗尽,表现出冷漠、疲乏、沮丧、理想破灭等特征。所以,职业倦怠指那些主要服务于助人行业的人们经历了长期连续的压力下的表现出来的一种个人能源或适当的能量(包括心理、生理、情绪资源)耗尽的疲惫不堪的状态。

很多研究者从各自的角度对教师职业倦怠给出了自己的定义,比如:

牛皖闽认为,教师职业倦怠是教师无法应对超出个人能力和资源的要求或者自我需要长期得不到满足而产生的情感、态度和行为的衰竭反应,这种要求可以是自己设定的,也可能是他人或组织设定的。

而戴新利认为,所谓教师职业倦怠,是指教师长期处在社会的、职业的、心理的、组织的、人际的等种种压力下而产生的指向教师职业的各种消极情绪体验的总和。使得教师个体不能顺利应对工作压力而产生的疲倦困乏的身心状态,属于一种非正常的行为和心理。

综上所述,教师职业倦怠是指教师在长期地与人互动的职业过程中,经历了超出个人能力和资源要求的职业的、心理的、组织的、人际的等种种压力或者自我需要长期得不到满足的情况下而产生的情感、态度和行为的衰竭反应,是教师的各种消极情绪体验的总和。

(二)教师职业倦怠的表现类型和危害

林炊利在华东师范大学出版社出版的《走出教师职业倦怠的误区》一书中归纳出教师职业倦怠的表现类型主要分为三类:精疲力竭型、狂热投入型、能力富余型。精疲力竭型的教师主要是教师个性的关系,这类教师一旦出现倦怠现象将很难再让他们转变过来,是个比较"顽固"的类型;狂热投入型的教师主要是一些乐于奉献自身,对于教师事业充满了极大的抱负和信念,但是由于理想和现实的差距,这类的教师总是很容易就走进了教师倦怠这个误区中去,变得情绪不高、随波逐流;能力富余型的教师是比较有才华的,他们对于单调的、没有刺激的工作提不起兴趣来,这类老师一旦产生倦怠情绪就容易敷衍塞责,不会认真对待教学工作。

相当大部分的人则把教师职业倦怠的表现行为分为以下三个类型:情绪衰竭、非人性化、低成就感(杨秀玉,杨秀梅;黄莉;戴新利等)。情绪衰竭型的教师情绪、情感处于极度疲劳状态,对教育教学工作丧失热情和积极性,工作马虎,烦躁易怒,容忍度低,对生活和工作感到无助、漠然和悲观;非人性化型的教师以消极、麻木、否定的态度对待同事和学生,逃避社会交往,对人缺乏同情心,无心教育教学工作,容易迁怒学生或视学生为宣泄对象,丧失了往日的爱心和耐心;低成就感型的教师的自我评价和价值取向降低,缺乏自信心、不敢迎接挑战、工作不思进取、厌学、厌教、厌生,得过且过,消极对待。

这些倦怠的特征表现都会产生巨大消极的影响。杨秀玉和杨秀梅的论文从个体、教学和社会三个方面来论述了教师职业倦怠的影响。她们认为,倦怠对于个体来说是不利的。它破坏了个体的身体和心理健康,同时也会影响个体与家庭成员的人际关系,从而导致家庭冲突现象的增加。教师职业倦怠对于教学工作也带来了极大的不利。"教师的倦怠会降低学校的行政效率和增加学校的人事变动";"另外教师的倦怠会导致教学品质的低劣,教师工作士气低落,无心也无力于提高教学质量,这势必降低学生的学习成绩;学生的纪律问题也因而增多。"

(三)教师职业倦怠的形成原因

尧丹俐认为教师职业倦怠形成的原因为以下三点:被动的专业

成长模式;教师缺乏专业发展的自主性;教师职业压力过重。她/他认为,现在的教师培训和进修很少考虑到教师教学的实际情况,只是一些专家发表自己的理论,缺乏理论联系实际的过程,教师无法把听到的理论运用到实际中去。久而久之,教师失去了进修的兴趣和自主学习的动力,变成被动的接受一些理论知识,不利于解决实际问题。这就是所谓的被动的专业成长模式。同时,教师终日忙碌,缺乏对自己职业生涯进行反思和规划,把自己的专业发展的空间给挤占了,最终导致自己的专业发展缺乏了自主性,很难体会到个人在职业生涯中的成功和进步。另外的一个主要原因是工作的压力。教师的工作压力来源是多样的,不仅有教学量方面的压力还有社会、家长等各方面有意或无意间施加在教师身上的压力,这些就导致教师逐渐陷入倦怠这个误区中了。

杨秀玉和杨秀梅认为,教师职业倦怠的产生原因有社会方面的、组织方面的、个人背景方面的和学生、教学情境方面的。在她们看来,组织方面的原因主要因素是角色冲突和角色模糊。当个体面对两种冲突情境而又被期望做出角色行为时,角色冲突就会出现。这时,如果个体不能妥善调和这种不和谐,压力就会随之产生。而角色模糊则是指个体由于对其职业的权力、义务、责任等缺乏清晰的、一致的认识而感到对工作无法胜任。这种角色定位模糊也易导致压力的产生。另外的,学生和教学情境也是一个产生教师职业倦怠的主要原因。当下,学生的问题行为越来越严重,教师需要花费大量的时间和精力来管理学生,这也加重了教师的负担。

杨影影则把教师职业倦怠的成因分为个人内外两方面来讨论,即个人自身的原因与社会等外界的原因。内部矛盾方面,包括工作准备不充分与自我抱负水平高的矛盾;有限的承受能力与过重的工作负担;角色价值观与个人价值观的矛盾;高精力投入与低成就感的矛盾。而外部矛盾方面,包括圣人标准与常人心态的矛盾;信誉与现实的矛盾;先进的教学理念与落后的教学评价体系的矛盾;教育变革中的传统标准与新标准的矛盾;学校组织结构与环境的不合理。她以个人为中心讨论教师职业倦怠的形成原因,考虑得比较全面。

侯新杰、谷自英认为,中学教师职业倦怠的成因主要有:Ⅰ.社会因素:职业竞争的危机感;家长对子女期望值的提高;教师的评价制度落后;劳动价值与劳动报酬的反差。Ⅱ.个人因素:教师的个性因素存在差异,人际关系淡化;教师的素质不高,达不到新课程的要求;教师的心理健康存在问题,不能将个人的心境发挥到最佳状态。

张娟从教龄1～5年的青年教师入手,分析了青年教师职业倦怠的成因。在她认为,青年教师职业倦怠有其独特的形成原因,应当有以下几个方面的原因:角色转换带来的不适应;理想与现实的反差;来自各方的巨大压力(社会、学校与人际三大类的压力);多种角色造成的内心冲突(多方的要求使教师一人承担着多种的角色);自身存在的一些问题(如家庭和婚姻的压力;知识储备的不完备等)。她的分析比较独特,选取了教师中的一部分,而且也是比较容易"受挫"的教师来分析原因。

戴新利的观点有些不同,他提出的教师职业倦怠的成因主要有:社会的期望值过高;教师职业的现实压力;内部管理改革带来的心理负荷超重;工作环境缺少人文关怀。由于戴新利考虑的是校长如何应对教师的职业倦怠,因而戴新利提出的原因难免有些偏重于管理方面和教师外面的压力源。但是戴的观点仍给我们留下了一点启示,即教师的压力来源是各种各样的,我们不能把教师职业倦怠的责任单独地推给某一方。

除去上面所说的几种研究外,还有一些人则研究了一些因素与教师职业倦怠的相关关系(韩磊、姜能志、王鹏、高峰强、徐富明等)。他们的研究显示:工作压力对于教师职业倦怠有很大的预测作用;而教师的自我评价和定位也对倦怠的出现有一定的预测作用。

综上所述,教师职业倦怠的形成原因主要可分为社会、组织(学校)、个人和教学四个方面来讨论。社会方面,主要是各方对教师的不同期望导致教师角色混乱同时压力也急剧增加,使教师疲于应对各种各样的要求和期望。组织方面,主要指学校不能很好地给教师自主发展的空间,校园人文文化没能很好地建立起来;同时落后的工作评价体系给老师带来了一系列的问题,如精力的投入和回报的不对等性;而聘任制度更是加重了教师的生存压力。个人方面,教师的人格则对倦怠的形成有一定的影响:教师的人格差异,会导致人际关系的淡化;教师的素质不够,导致教学和管理学生时的困难;教师的心理健康存在问题,无法成功地顺利地应对各种突发事故等。教学方面,班级规模的加大使许多教师无法很好地管理学生;问题学生行为也给教师的教学工作管理带来了巨大的负担。

(四)教师职业倦怠的对策

教师职业倦怠的产生原因可从社会、组织(学校)、个人和教学四个方面来讨论,那么对策也应当从这四个方面来着手。

1. 社会方面

首先是建立良好的社会支持,对教师持有合理的期望(杨秀玉、杨秀梅、杨影影)。社会应当给予学校以适当的信任,给教师以合理的期望,而不是长期的批评和抨击,否则不仅会打击教师的士气,降低教学的质量;同时也可能会影响学生对教师的看法和评价,从而导致学生戴上有色眼镜看教师,甚至是不信任,这样学习肯定是受损的,反过来,学习成绩下降又更加重了学生对教师的不信任,形成一个恶性循环。其次,建立多样的合理的评价体系(尧丹俐、杨影影、侯新杰、谷自英)。对教师的评价不能只看结果,用学生的学习成绩作为唯一的评价手段,而应当建立发展性的评价,关注教学的过程、教师的素质以及教师对学生各方面的培养情况。再次,社会应当提升教师的经济和社会地位(杨影影)。让教师有种对职业的归属感和认同感,激发教师的工作信心和动机。

2. 学校方面

首先是建设良好的学校文化(杨秀玉、杨秀梅、杨影影、戴新利等)。在这样的氛围中,教师应当有种被尊重、被信任的感觉,教师有很强烈的认同感和归属感。其次,学校应当建立健全的培训制度(杨影影、牛皖闽)。教师在这样的学校中可以有机会进行自己专业上的发展和提升,同时也可以适当的提升自己的素质。再次,学校应当搭建网络心理沟通平台(杨秀玉、杨秀梅、杨影影、戴新利)。这样就可以及时地对有心理隐患的教师进行心理疏导和支援,同时可以积极地引导教师朝着健康的方面发展。最后,学校应当改变管理方法(杨影影、牛皖闽、戴新利),变过去的"任务指向"为"人文指向",少些批评,多些激励和鼓舞;少些命令,多些建议。

3. 个人方面

首先建立合理的职业规划(尧丹俐)。既不要过分的夸大自己,又不要过于保守,否则要么自己很快受挫,情绪不振,要么就是浑浑噩噩混日子。其次,教师要正确认识自己,对自己持有合理的期望(杨影影、牛皖闽)。再次,教师要加强自身的学习,不断提高自身的素质(侯新杰、谷自英、黄莉)。还有就是教师应当积极地和谐人际关系(杨影影、牛皖闽、侯新杰、谷自英、黄莉)。最后,教师要积极参加体育锻炼,自我进行放松(杨影影、黄莉)。

4. 教学方面

对于学生情况,教师可以适当地和家长、各任课教师沟通,加深对学生的理解,从而对学生行为进行矫正;其次教学工作方面,教师应当有积极的自我学习意识,不断地充实自己,尤其是新课改的背景下,教师的再进修、再培训成了一种不可缺少的学习成长方式。

第三章

校本教师专业发展个案研究

一、福建省厦门市双十中学教师
专业发展现状调研

调研对象　调查采访对象为厦门市双十中学高中部各年级、各学科参加高中新课程实施的所有教师。

调研方法　为了揭示新课程实施过程中的真实情况，使调查研究具有典型性和代表性，并为学校推进高中新课程实施、促进教师专业发展提供决策依据。因此本研究依据高中新课程的各方面情况要求和教师专业发展的现实需要，采用两种的调查研究方法：一是访谈法。即"教师个别、典型访谈"。二是问卷调查法。即制定"新课程改革背景下教师专业发展现状调查问卷"。

(一)访谈法

访谈根据学校高中新课程实施中，教师与高中新课程的关系和高中新课程促进高中教师专业发展的可能性，编制访谈提纲；然后通过课题研究小组和访谈小组的讨论，修改访谈提纲，确定访谈提纲的访谈样式:从"教师基本情况""新课程改革情况认识"和"教师专业发展认识"三方面,拟出总共34条的"新课程背景下的教师专业发展现状访谈提纲(见附录1)",并2008年5月在双十学校实施实时实地的访谈,访谈覆盖了高一、高二、高三各年级各学科的老、中、青年教师,并进行了个别的、典型性的、纵深性的访谈。

(二)问卷调查法

根据访谈提纲和访谈报告揭示的问题,编制"新课程改革背景下教师专业发展现状调查问卷"初稿,随后经课题研究小组和调查问卷小组讨论,修改调查问卷,确定调查问卷的样式:从新课程背景下"教师专业发展基本情况""教师对高中新课程改革的认识情况"和"教师专业化认识情况"等三大方面拟定总共70项的调查问卷,并实施了预调查。在对预调查出现的问题和结果进行分析、调整,尤其针对问卷的适应性、有效性等方面进行了反复的推敲、斟酌,和论证讨论后,才确定最终的"新课程改革背景下教师专业发展现状调查问卷"(见附录2);调查小组于2008年5月中下旬对教师实施实地发放问卷调查,实时回收调查问卷。

调查结果分析 此部分内容分三部分:第一部分,以平均数、百分比等计算呈现各方面的实际情况;第二部分,根据各方面数据呈现的实际情况,分析获得各方面存在的突出问题;第三部分,进行调查访谈和调查问卷的整合分析,全面梳理突出的真实性问题、要害性问题,从而获得推进学校高中新课程、促进教师专业发展的策略和决策依据。

(一)数据呈现及问题分析

表 3-1　高中教师队伍基本情况分布表

调查项目	性　别		学　历			教　龄					职　称			
	男	女	大专	本科	硕士以上	5年以下	5～10年	10～20年	20年以上	30年以上	未定级	初级	中级	高级
情况分析	53.0	47.0	0	82.8	17.2	38.7	5.0	23.9	27.5	4.9	5.4	40.1	16.2	38.3

据上表分析,突出情况有三:

1. 学历相对较高,以本科为主,按高中教师学历要求趋向,大部分教师学历还有很大提升空间。

2. 教师队伍结构以青年教师为主,教龄 30 年、50 岁以上教师出现断层,教师年龄分布不平衡,结构呈不合理趋势。

3. 初级职称以下占 61.7%,高中级职称占 38.3%,青年教师的专业培训任务重、力度大。

表 3-2 高中教师队伍基本情况分布表

调查项目	获得称号						职业态度				迫切愿望		工作氛围	
	无	市教坛新秀	省教坛新秀	市学科带头人	省学科带头人	全国省级名师	热爱	比较喜欢	可以重新选择	政治进步	业务发展	待遇提高	浓厚	一般	较差
情况分布	15.1	15	2	20	9.3	8.8	31.5	52.1	13.1	3.3	53.6	30.6	15.8	9.6	90.4

据上表分析,突出情况有三:

1. 职业态度相对稳定,小部分仍需强化。

2. 专业发展的要求强烈,大多数渴望提高,与职业态度成正比。

3. 学校工作气氛较差,还有待优化。就目前情况看,教师工作压力大,修整时间少,生活没能得到合理调适。

表 3-3 高中教师队伍基本情况分布表

调查项目	任教年级			任教班级					班主任		任教班级人数			
	高一	高二	高三	1个	2个	3个	4个	5个	担任	不担任	30人以下	31～40	41～48	48人以上
情况分布	37.7	31.6	30.7	4.2	56.9	15.1	23.8	0	56.9	43.1	1.6	1.6	3.2	93.6

续表

调查项目	任 教 学 科										工作量感觉			
	语文	数学	英语	物理	化学	生物	政治	历史	地理	信息	吃力	不少、喜欢	不是很大	很轻松
情况分布	14.4	14.8	13.4	10.6	10.2	7.9	5.6	5.6	5.2	3.8	26.1	59.4	14.5	0

据上表分析,突出情况有三:

1. 班级人数普遍较多,超过部颁班级规定要求的班级设置人数的占 95.8%,教师工作量普遍较大。

2. 教师工作量大,感到吃力的占 85.5%,与班级学生数较多,教师工作量普遍较大成正比。

3. 教师乐意承担较大工作量,乐意应对工作挑战的占 59.4%,与教师的职业态度一致。

表 3-4 学生、家长及教师对高中新课程改革的态度情况

调查项目	学 生 态 度				家 长 态 度				教师业务适应能力			
	非常配合	基本配合	基本不配合	不配合	非常支持	基本支持	基本不支持	不支持	完全适应	基本适应	有距离	不适应
情况分布	9.6	86.3	4.1	0	4.2	72.2	20.8	2.8	19.7	50.7	26.8	2.8

据上表分析,突出情况有二:

1. 学生、家长基本支持或赞成高中课程改革。但家长方面,持基本不支持和不支持态度仍占 23.6%,其比例几近四分之一。可见,高中课程改革的社会宣传力度还不到位,还未获得社会、尤其是家长的普遍认可。

2. 多数教师的业务能力基本是适应课改教学的,"完全适应"和"基本适应"两项占 70.4%,但"有距离"和"不适应"两项还占 29.6%,这表明教师的业务适应能力还有待进一步提高。

表 3-5　教师对高中新课程改革的认识情况

调查项目	认为主导课改的理论为				感觉课改理论是				课改理论对自身影响				阻碍课改因素				
	国外理论	国内理论	二者均有	无法回答	西方理论	人的全面发展观	中国理论	不清楚	国外	国内	二者均有	不清楚	教师素质	学校办学条件	社会评价观	教育投入	校长执行力
情况分布	12.7	14.7	54.8	17.8	35.6	27.4	16.4	20.6	20.8	38.9	26.4	13.9	0	4.2	84.7	8.3	2.8

据上表分析,突出情况有三:

1.教师对课改理论的认识还不清晰、不到位。表现在:在有关理论问题方面持"无法回答""不清楚"的分别占 17.8%、20.6%、13.9%;二是在"主导理论"与对"自身影响"的"二者均有"方面,认识悬殊,分别为 54.8%和 26.4%,呈现严重的不一致;三是国内传统教育理论对教师的影响占主导地位,尽管教师们认为主导中国新课程改革的理论"国内理论"仅占 13.7%,感觉课改理论中的"中国理论"仅占 16.4%,但对自身的影响"国内理论"仍占 38.9%。这表明教师们对国内、国外课改理论的认识还存在很大差异。

3.大多数教师认为社会对教育的评价观点是阻碍课改的最大因素,占 84.7%,这表明社会对教师的课改心理压力是巨大的。

表 3-6　教师对高中新课程改革的认识情况

调查项目	课改难度方面				认为教材体现课标理念				教师如何利用教材				对新教材适应程度			
	课程功能	课程实施	课程管理	课程评价	完全体现	基本体现	体现较差	不知道	完全按教材教学	基本按教材教学	根据实际适应调整	按自己想法教学	很适应	基本适应	基本不适应	很不适应
情况分布	5.5	19.2	4.1	71.2	5.6	65.3	25.0	4.1	2.8	34.7	61.1	1.4	8.2	69.9	16.4	5.5

据上表分析,突出情况有四:

1.大多数教师认为当前推进课程改革难度最大的方面是"课程评价",占71.2%,比"课程实施"难度的19.2%还高出52%,这表明课程评价改革的力度与课改推进的力度很不一致。

2.教师对教材与课程的一致性还是认可的,认为教材"完全体现"和"基本体现"课标理念的占71.9%,但认为体现较差的仍占四分之一。

3.61.1%的教师使用教材时多数能够根据学生和自身实际适当调整,这是符合教材建设的初衷和教材编写的目的的。但"完全按教材教学"和"基本按教材教学"的仍占37.5%,比例还是不小的,这表明我校相当一部分教师还没有充分认识教材真正的作用和意义。

4.多数教师对新教材还是适应的,"很适应"和"基本适应"占78.1%。但相当部分教师仍处于"基本不适应"和"很不适应"的状态中,这部分教师占21.9%,这表明一些教师对教材的适应程度还有待加强。

表3-7 教师对高中新课程改革的认识情况

调查项目	我校评价学生的主要依据					我校评价教师的依据				对学校课改总体评价			
	考试与测试成绩	学生平时表现	考试成绩为准参考平时表现	平时表现为准参考考试成绩	其他	学生考试成绩	日常工作表现	各种途径	很少评价	好	较好	一般	差
情况分布	25.0	4.2	69.4	1.4	1.4	34.7	22.2	43.1	0	15.1	42.5	34.2	8.2

据上表分析,突出情况有三:

1.多数教师认为我校对学生的评价还是采用平时表现与考试成绩相结合的,占69.4%。但四分之一教师仍认为我校目前评价学生的主要依据还是靠考试和测试成绩,占25%,这表明我校对学生的综合素质评价或多元评价还有待加强。

2.相当部分教师认为我校目前评价教师的依据还是以学生考试

成绩为准,占 34.7%,远远超过日常工作表现评价的 22.2%,这表明我校教师发展性评价还有待加强。

3. 教师对学校课改的总体评价一般,"好"和"较好"也只占 57.6%,认为"一般"和"差"的占 42.4%,这表明我校课改力度还不够,课改实施的各方面工作还未真正落实,还存在必须认真面对的问题。

表 3-8 教师专业化认识情况

调查项目	对自己目前状况评价					是否思考专业发展				领导是否重视			学校是否要求规划		自己是否规划	
	满意	基本满意	一般	不太满意	很不满意	常思考有规划	考虑过无从着手	听从安排	从未思考	很重视	一般	不重视	有	没有	有	没有
情况分布	8.2	35.6	41.1	13.7	1.4	40.7	44.4	12.1	2.8	57.5	38.4	4.1	89.7	10.3	68.1	31.9

据上表分析,突出情况有三:

1. 近一半教师对自己目前发展状况的评价基本上还是满意的,"满意"和"基本满意"占 43.8%,但有 41.1% 的教师对自己的评价一般,尚有 15.1% 对自己的评价"不太满意"或"很不满意",这表明教师对专业发展需求的愿望和要求还是很大的。

2. 85.1% 的教师有考虑或有规划自身的专业发展,但觉得无从着手的占 44.4%,"被动安排"和"从未思考"的占 14.9%,这表明加强对教师专业发展的引导、指导和帮助是非常迫切和十分重要的。

3. 57.5% 的教师觉得学校领导是很重视教师专业发展的;89.7% 的教师认为学校有要求教师制定个人专业发展的规划。但是,在学校领导的高度重视下和制度要求下,还有 31.9% 的教师没有规划自己的专业发展,除了这与 44.4% 的教师认为专业发展无从着手的情况是高度一致的。之所以会出现这种情况,表明相当一部分教师专业发展的意识还有待加强、其专业发展规划的能力还有待提高之处。

表 3-9 教师专业化认识情况

调查项目	学校最缺失的是			制度的影响			周围教师的影响			制约专业发展主要因素					
	管理制度不合理	文化氛围不浓	不知道	严无作用	宽无目标	随便，关键在自己	影响	自己没受影响	他人也没受影响	工作压力大	受考试制度束缚	缺乏政策支持	社会不重视	个人缺乏动机	与教学无关
情况分布	33.8	41.2	25.0	26.4	7.4	66.2	78.3	11.6	10.1	37.5	33.4	9.2	11.0	4.1	4.8

根据上表分析，突出情况有三：

1.学校"管理制度不合理"和"文化氛围不浓"，占 75％，"学校制度过于随便"，占 66.2％所致。这表明学校管理制度和学校文化的建设、严格制度规范和落实检查机制，是学校亟待抓紧的突出问题。

2.78.3％的教师认为周围的同事很优秀，对自身的影响很大，这表明我校优秀教师的影响潜力是很大的，是我校优秀传统的充分体现。但是，仍有 21.7％的教师认为优秀教师对自己和他人没有影响。因而，如何发挥优秀教师的全方位、多元化影响，仍是值得思考的问题。

3.超过一半的教师认为制约教师专业发展的主要因素是"工作压力大""受考试制度束缚"，这表明升学率的"紧箍咒"仍是制约教师专业成长的枷锁。如何解除教师的升学压力，营造宽松的专业发展氛围，加大教师专业发展的政策支持，是学校领导不可回避、应该着重思考的实际问题。

表 3-10 教师专业化认识情况

调查项目	影响发展最重要因素			最有利成长形式					最有利交流形式				业务学习资料来源			
	学校管理制度	学校大环境	学科技能积淀	及时交流	外出培训	专家指导	专题研讨	自我反思	非正规交流	有组织交流	与专家交流	其他	自己搜索	推荐借阅	学校下发	没什么资料
情况分布	27.4	63.6	38.4	61.6	27.4	16.4	26.0	45.2	49.3	47.9	26.0	4.1	86.3	20.5	4.1	4.1

据上表分析,突出情况有三:

1.63％的教师认为影响教师专业发展的最主要因素是"学校大环境""学科技能积淀","合理的管理制度"也是主要的影响因素,这表明学校的环境建设和学科技能积淀对教师专业发展的重要性。

2.61.6％的教师认为教师间的及时交流,包括"非正规交流"和"有组织交流",是教师专业成长最有利的形式;教师"自我反思"也是教师专业成长的主要形式,占 45.2％,与高中课改观念和课改实施的指导思想是一致的。这表明抓好教师间的及时交流和自我反思,是改进课改教学方式,提高课改效率质量,促进教师专业成长的最有效方式。

3.86.3％的教师业务学习资源的来源是自己搜集的,这表明教师作为业务学习的主动者和教学资源的开拓者,其身份特征和行为方式已鲜明地表露出来,这是教师专业发展的极为有利的方面。但是,调查情况反映,学校相关职能部门对教师的专业学习指引和材料辅助是相当缺乏的,没有发挥其本身的应有职能,这应引起学校相关职能部门的高度重视。

表 3-11 教师专业化认识情况

调查项目	教师专业发展主要动力						最能体现专业进步成功的						
	提高素质	更好发展	职务职称提升	更高收入	适应要求	实现人生价值	职务职称提升	取得更高学历	学生良好发展	个人修养完善	业务水平提高	经济收入提高	获得社会尊重
情况分布	34.3	47.1	10.0	11.4	25.7	45.7	0	0	61.6	52.1	46.6	16.4	28.8

据上表分析,突出情况有二:

1. 教师普遍认为促进教师专业发展的主要动力是"提高素质""更好发展""实现人生价值",分别占 34.3%、47.1% 和 45.7%,表明教师的专业发展心态和目的是正面发展的,也表明了我校教师专业发展的正确取向,这是我校教师难能可贵的一面,学校领导和管理部门应倍加珍惜和重视。

2. 教师普遍认为最能体现教师专业进步和成功的是"学生良好发展""个人修养"和"业务能力"提高,分别占 61.9%、52.1% 和 46.6%,与教师专业发展内在动力和目的是一致的,高度体现了教师的专业发展取向与学生共同发展的强烈愿望,这种取向和愿望与高中课改的理论和实践追求也是一致的。但是,也有相当部分教师认为最能体现专业进步成功的是获得社会的尊重,这部分教师占 28.8%,这也是教师合理、客观的愿望,千万不能忽视。

表 3-12 教师专业化认识情况

调查项目	对新课程的了解			参与课改程度				采用的教学模式			碰到教学问题			
	听课了解	网上看过	书上看过	积极参与	等等看	无法参与	反对	没有兴趣	自己摸索的	向同事学习的	无模式	与同事讨论	寻求网络解决	查阅书籍报刊	顺其自然	寻求解决办法
情况分布	12.9	38.6	60.0	41.2	27.4	12.3	12.3	6.8	45.2	63.0	2.8	65.8	45.2	41.1	4.1	26.0

据上表分析,突出情况有二:

1.教师对新课程发展情况关注程度和参与课改的积极性或认识程度还很不够。表现有二:一是"只听说,没了解"的教师达12.9%;二是对新课程持"反对程度""没有兴趣""无法参与"或持"等等看"观望态度的高达58.8%,这与教师专业发展的内在动力和目的取向是大相径庭的。这表明课改除了还没有真正深入人心,引不起教师高度重视外,教师的专业发展取向是否真正与课改的目的要求取向一致,是一个值得认真探讨和深入研究的重要问题。

2.教师采用教学模式和教学问题解决呈现同事间互相学习、互相切磋和自我积极探索的特征,"自己摸索"占45.2%,向"同事学习"占63.0%,碰到教学问题"与同事讨论"的达65.8%,"寻求解决途径和办法"的占71.2%,这表明教师的教学态度和目的取向还是积极的。

表 3-13　教师专业化认识情况

调查项目	专业知识面拓展			教师角色转变			反思有助工作			学生佩服		
	经常学习	与同事交流	吃老本	被迫转变	主动转变	不管	是	不是	偶尔	功底深学识博	适度管理要求	好好先生
情况分布	79.5	12.3	19.2	57.6	31.5	11.0	87.6	1.4	11.0	63.9	32	4.1

据上表分析,突出情况有三:

1.79.5%的教师经常通过学习拓展知识面,但靠"吃老本"的教师仍高达19.2%,这表明部分教师的自我学习和知识的更新、拓展提高还很不够,需引起重视和加强。

2.教师主动适应课改、实现角色转变的不足三分之一,被迫转变的达57.6%,这与教师关注新课程和参与课改的积极性或认识程度还很不够密切相关,这尤应引起学校领导和职能部门的高度重视。

3.教师认为教育、教学反思有利改进教育、教学工作的达87.7%,认为学生佩服功底深厚、学识渊博的老师占63.9%,这表明大多数教师对反思的深刻认识和高度重视,对获得学生认可和佩服的正确态度,这也是我校教师提高专业能力水平和教育效率质量的一大优势。

表 3-14 教师专业化认识情况

调查项目	教研与教学矛盾		对教研的兴趣			教研好,误教学			教研复杂,负担重			教研内驱力		
	是	有些矛盾	不矛盾	非常强烈	有一些	无所谓	同意	不太同意	反对	负担很大	有些压力	无负担	习惯化追求	评职称需要	为高需要
情况分布	6.5	38.4	55.1	19.2	67.1	13.7	28.7	56.2	15.1	19.3	73.9	6.8	59.7	40.3	0

据上表分析,突出情况有二:

1.多数教师对教研与教学关系的认识还不够正确和全面,认为"有矛盾"和"有些矛盾"的占 44.9%,这表明引导教师处理好教学与教研的统一关系,还是一个需要认真解决的问题。

2.教师对教研还是很感兴趣的,"非常强烈"和"有一些兴趣"的教师达 86.3%,"不太同意"和"反对"教研好,误教学的达 71.3%,有教研的习惯化追求的占 59.7%,这表明引导教师处理好教研与教学的关系,结合教学开展教研,以教研促教学的潜力和可能性是比较大的。

表 3-15 教师专业化认识情况

调查项目	感觉科研无从下手			教研一体有利教学			您的教科研			认为写论文是			论文发表、获奖与否		
	深有感觉	有一些	没有	很有道理	有一定道理	不是	结合工作进行	为评职称研究	研究有困难	有效提高专业水平	对教学作用不大	除评职称没用	5篇以上	5篇以下	没有
情况分布	54.3	40.0	5.7	23.3	61.6	15.1	62.9	20.0	17.1	56.2	27.4	16.4	11.0	43.8	45.2

据上表分析,突出情况有三:

1.54.3％的教师"深感教研无从下手",40.0％的教师感到"有一些无从下手",两项共占 94.3％,这表明加大对教师教研的培训力度,引导教师如何开展教研,是今后很长一段时间内教研部门必须正视的问题。

2.84.9％的教师认为教研一体有利于教学,与认为教研与教学"有矛盾"和"有些矛盾"的 44.9％很不一致;能结合工作进行教研的教师达 62.9％,与感到教研"无从下手"的 94.3％也很不一致,这些问题产生的真正原因是什么？很值得认真思考和深入研究。

3.56.2％的教师认为写论文能有效提高专业水平,这表明超过一半的教师对写教研论文有正确的认识;但还有 43.8％觉得写教研论文"对教学作用不大"或"对评职称没用",这与还有 45.2％的教师没有发表过论文的情况是高度一致的,这表明相当一部分教师撰写教研论文的正确意识和积极性还有待加强。

表 3-16　教师专业化认识情况

调查项目	教师专业发展			教师专业发展过程为			喜欢的专业发展途径						
	校本培训	自觉学习	文化氛围	专业课成熟过程	角色自觉适应过程	学校管理适应过程	脱产进修	函授方式	个人自学研究	同事交流帮助	外出考察学习	专家座谈讲座
情况分布	16.4	74.0	30.1	74.0	83.6	38.4	35.6	6.8	26.0	41.1	39.7	12.3

据上表分析,突出情况有四:

1.74.0％的教师认为教师专业发展靠"自觉学习",但是喜欢"个人自学研究"专业途径的仅占 26.0％,这表明教师专业发展的主观认识与专业发展途径的客观选择有很大差异。

2.83.6％的教师认为教师专业发展过程为"角色的自觉适应过程",与 74.0％的教师认为专业发展主要靠"自觉学习"是基本一致的,这表明教师"自觉学习"和"自觉适应"的意识还是很强的。

3.74.0％的教师认为专业发展过程为"专业课成熟过程"，与67.1％的教师喜欢与"同事交流帮助"（41.1％）、"个人自学研究"（26.0％）也是基本一致的，这表明教师追求"专业课成熟"的意识是较强的。

4.认为专业发展靠"校本培训"的教师仅占16.4％，这表明绝大多数教师对校本专业培训的作用和意义认识不足，也表明我校教师的专业校本培训还有待加强。

表3-17　教师专业化认识情况

调查项目	目前最需发展的							主动业务学习时间				专业发展目标		
	多媒体教学技术	课堂教学技能	人文科学素养	现代教育理念	教育科研论文写作	职业道德理念	班级管理	每天一至二小时	每三天三至四小时以上	每周一个单位时间	极少主动业务学习	能胜任教学	成为校学科带头人	成为高一级带头或名师
情况分布	6.9	39.1	33.3	25.0	34.7	2.8	15.3	29.6	12.7	33.8	23.9	30	22.9	47.1

据上表分析，突出情况有三：

1.目前教师专业最需发展的是"课堂教学技能"（39.1％）、"人文科学素养"（33.3％）、"教育科研论文写作"（34.7）三项，但"职业道德理想""现代教育理念""多媒体教育技术"分别仅占2.8％、25.0％、6.9％，这表明教师这三方面的意识，尤其是"职业道德理想"的意识是很薄弱的，需引起学校领导的高度重视。

2.只有29.6％的教师能保证"每天有一至二小时以上"的专业学习时间，仍有23.9％的教师"极少主动进行业务学习"，这与教师"工作压力大"（占57.5％，见表一）是有很大关系的，同样应引起高度重视。

3.47.1％的教师期望能够成为高一级学科带头人和名师，这表明近一半教师的专业发展追求是高远的，如何借助这种积极的因素，引导教师自觉进行专业学习、坚定职业道德理想，是值得好好研究的课题。

(二)问题整合及情况梳理

上述调查结果的分析中显示出 47 个问题,整合、梳理之后发现这些问题可以概括为以下三大类型:

一是教师专业发展现状。主要有三个问题:第一,教师整体学历较高,整体职称较低,教师年龄结构分布不合理,50 岁以上教师出现断层;第二,教师专业发展要求强烈,职业态度相对稳定,但学校工作氛围较差,教师工作压力过大;第三,教师乐于承担较大工作量,乐意应对工作挑战,但班级人数较多,教师工作量过大,多数教师感到工作压力很大。

二是教师对高中新课改的适应情况。主要有八个问题:第一,多数教师的业务能力基本适应课改教学,但对国内外课改理论的认识还不清晰,不到位;第二,教师的教学态度和目的取向(考试、升学率)是积极的,但教师的专业取向与课改的目的要求取向存在一定的差距,主动适应课改,实现角色转变的比率偏低;第三,教师对课改教材与课程的一致性是认可的,多数教师对新教材还是适应的,能够根据学生和自身实际对教材进行适当调整,但相当部分的教师还没有充分认识到教材真正的作用和意义,对教材的适应程度还有待加强;第四,多数学生家长支持、赞成高中新课程改革,但多数教师认为课程评价与课改推进的力度很不一致,尤其是社会对教育不客观的评价阻碍了课改的发展,给教师课改带来巨大的心理压力;第五,多数教师赞同对学生的评价采用平时表现与考试成绩相结合的做法,但相当部分教师认为我校评价教师的依据还是以学生考试成绩为准,教师发展性评价滞后,这对课改与教师发展极为不利;第六,多数教师认为身边的优秀教师对自身影响很大,但也有相当部分教师认为身边的优秀教师对自身没有什么影响;第七,多数教师渴望新课程校本培训,但相当部分教师又认为专业发展不靠校本培训;第八,教师对学校课改总体评价一般,认为课改力度还不够,课改实施的各方面工作还有待加强和落实。

三是教师对于自身专业发展的认识。主要有六个问题:第一,多数教师有考虑或有规划自身的专业发展,对自身目前专业发展状况基本满意,但仍有接近一半的教师对自身发展的评价还不满意;第二,多数教师觉得学校很重视教师的专业发展,但超过一半的教师认为"工作压力大""受考试制度束缚",学校的大环境严重制约了教师的专业发展;第三,多数教师专业发展的心态是积极的,目的是明确的,途径是正确的,但认为学校相关职能部门对教师专业学习指引和材料辅助是缺乏的;第四,多数教师认为教研一体有利于教学,对教研很感兴趣,但又认为教研与教学有矛盾,绝大多数教师对于教研感到无从下手;第五,超过一半教师认为写教研论文能有效提高专业水平,但多数教师对撰写教研论文的目的性模糊,积极性不高;第六,近一半教师专业发展的目标是高远的,大多数教师认为专业发展要靠自觉,但多数教师没能做到自觉,甚至相当一部分教师极少主动进行业务学习。

(三)访谈摘要及问题梳理

访谈一

问:您和您身边的老师们了解新课改的背景和目标的一些基本情况吗?

答:通过各级培训和省市、学校大力地推进,大部分老师觉得教学的大环境有必要改变,在集体教学过程中有些点我们也在不断更进,按照新课程的新要求,在这一过程中,需要用时间来过渡、吻合。

问:学校在开展培训方面怎么样呢?

答:我觉得我们学校开展得比较到位,对整个管理比较严谨,紧跟国家形势。在高一已经培训了三次。

问:那您觉得新课改带给您的喜悦是什么? 您有什么好建议?

答:比较好的是:新课改后课本内容更丰富、图文并茂,可以让学生的学习更形象生动、更有效;书本的背景知识介绍更贴近实际,与学生实践更合拍。这些都是挺好的,学生的动手能力得到培养,学起来更有兴趣。

问:您觉得您和身边的老师学生适应新课改吗? 适应到什么程度了?

答:一下子很适应是不可能的,是一个过程的问题。我觉得新课改的方向是好的,但由于高考的现实、课时的限制,完全关照新课程的理念是非常难的,我们现在慢慢清晰了新课程。

我们一线老师对新课程不太满意,理科学习偏浅,学生学不到知识,课本上只有结论,而理科应该形成思想、需要你知道很多,但现在只学一点点,只停留在感情方面,思维得不到锻炼造成了学习好的同学感觉吃不饱,所以老师要适当补充。

访谈二:高一数学老师

问:您觉得你们学校现在在新课改方面的工作开展得怎么样?有哪些相适应的培训和宣传活动?效果怎么样?

答:市里面会组织相应的培训,暑假就有,编写教材的专家会参加,但只能做到面上的指导,具体的还需要教师自己的深入和探索、过渡,因为我们学校主要还是跟高考有关,社会期待也很重,所以我们会结合老课本去就教学。

按模块来处理,不是很难,但把它们串起来,难度就会增加,文科可能会适应这种模式,但理科不是很适应,逻辑性降低了。

问:在实行新课改时有哪些困惑?您有何建议?

答:高中课改应和初中课改相结合、相衔接。以前学生的数学能力、空间想象能力、计算能力会比现在的更强,而现在初中课改降低要求了,学生的能力没有得到提升,但高中要求又不下降,甚至会拔高,大学知识又会往上增加,学生负担更重。现在课改增加了许多内容,课程能力要求更广泛,选修内容又很多。所以我觉得编教材应该使高中和初中要求相适应。

访谈三:高二物理老师

问:您对教师本职工作的一个整体感觉是什么?

答:横向比较我们这个学校在厦门福建还是比较好的,各个方面都不错;纵向来看在各个老师心里都有自己认为最好的学校。

现在中学普遍的问题主要表现在人文环境的不好,整个中学的人文环境都不好。课改政策要能够影响到中学,只有一个办法就是改变高考,高考不改,其他一切都没有用。

你看新课程课本拿到手里,我们就感觉:首先它的特点是材料编写内容更贴近时代、更丰富;反过来,从地方政府到社会,更关注的是高考成绩。

所以对新课程,大家现在都采用一种折中的做法,在介绍知识背景的时候,新教材会帮很多忙,但它在课堂中所占的比例还是会被压缩掉,因为最终还是为了解题。

问:您和您身边的老师知道教师专业发展包括哪几个方面的内容吗?

答:我自己的感觉一个是学科背景专业,一个是教育学背景专业。现在依老师们普遍来看,大家关注的是学科背景,对教育学背景关注不够,急功近利。在我看来,如果对教育学背景专业进行了提高,那么它对学科背景的促进也是显而易见的,你提高了教育学背景专业水平就等于提高了自己,因为如何将自己的知识运用到教学中去,还需要教育学。现在,教育理论很多,但实际操作则靠自己的实践。

现在学生只会高考,缺少人文情怀,这是国家社会发展到这个阶段的特定的特点,所以,反思新课题不能冒进,推进得太快一定不好,一定要与社会发展相适应,可以多考察国外的教育改革和社会发展的适应过程,然后再考虑我们的课改到怎样的程度才和社会发展的结合是合理的。

新课改,理念上很清晰,但我觉得编写课程的专家都是凭自己的经验,经验可以借鉴,但它是盲目的,不与时代相适应了。

问:在教师专业发展方面,您和您身边的老师进行过怎么样的努力? 效果怎么样?

答:目标和计划很明确,但时间、精力不够。很多人会根据上级部门的要求去做,但这样很被动,功利性太强。例如:科研要达到哪一种经费等等。我不喜欢为了功利而去准备太麻烦的事。

问:在新课程的背景下,高中老师需要哪些能力?

答:能力不成问题,学校招聘老师时很严格。而是怎么运用自己能力的问题。个人的创造性很重要,每个人要反思才能形成自己的教学方法。由于高考的压力,教师寻找教育方法的主动性不够高,教师有课题能力,但做得不够,极个别做得好,但大部分积极性不高。所以,主要问题还是高考,但我看不出该怎样改变高考。我们对新课改更多的是祝福,但比较消极,期望值不高。现在教学还是倾向于旧教材的方法,强化解题能力。

我觉得过程评价也不是很好,它实际上是任课教师的决定权。新课程实际上是穿了一件新衣服,但给我们的感觉是我们正在改变。我们还要寻求一种突破。

访谈四

问：教师专业发展的大体情况主要包括哪些内容，哪些方面？

答：这个从大体上还是知道的，但如果从专业上讲就不是很了解了。我觉得还是需要通过不断学习，以各种方式渠道不断进步。特别是在新课改的背景下，更是要了解其需求就不断完善。

问：在教育心理学，心理学这方面对于你们来说是很重要的一部分知识吗？平时有意识地去接触一些吗？

答：这方面还是比较少，更多的是关注教学这方面，主要是高三阶段，学习强度较大，不过有时也会进行疏导，只是时间分量较少，可能到了后期会更多一些，更加注重对学生心理的调适，注意阶段性。

问：在新课改的背景下，高中教师应注重哪些能力，如何提高自己的课程能力，科研能力，教学反思能力？

答：像我这样的年龄，教学应该属于成熟阶段，科研能力比较薄弱，像我们关于文科性质的科研不是很多，时而也精力不够。厦门市也举行过一定的科研课题竞赛，由于个人活动比较多，对于自身的科研知识比较缺乏，可能大部分教师属于事务型，做好自己的教学工作，满足于自己的教学成绩。

访谈五

问：您身边的老师了解教师专业成长发展吗？教师专业发展包括哪些方面的内容？哪些方面需要成长？

答：我认为教师专业成长，最主要的是对教师这个岗位的一种热爱，认同你的责任，你有没有意愿把这个工作做好。从教师的角度来说这一点是最重要的，因为作为教师不仅是要教给学生知识的东西，知识的东西学生自学都能懂。对于自己专业知识，比如史学的研究动态，都要有所了解，看看别人的书。专业方面是有，但是我觉得专业方面不是太多，更重要的是在于作为教师的一种理念上，因为有了这个理念才能不仅教给学生知识，还能教给他学会做人学会生存，要交给他多方面的引导，要做到这一点，教师自己要有所成长。

问：您身边的教师有没有人做职业生涯规划？

答：基本没有。反正来到这个岗位，也就是这样一年一年教了，都穷于应付学校了。只是有时候评职称什么的为了去参评。

问：对，可能是比较功利化，比较现实的。为了待遇呀地位上的提高，对吧！

答：对，基本就是这样。

问：您觉得现在学校或有关教育部门是一种什么样的评价模式？您觉得合理吗？

答：不合理。标准很单一。就是成绩，从小学到高中，要说应试就最后一年嘛，那么早应试干吗，前面就可以培养素质。我曾看过一本书写的美国的八个优秀教师，他们有个共同的特点就是非常投入，他们也是全方位的注重学生全面的发展，特别是阅读能力和社会实践能力，但他们这些学生的考试成绩都不会差。什么叫素质好，也包括你的进取心，你的身心能力，解决问题的能力，有自信心，这些到考试的时候都能体现。素质教育就是减轻负担，也不是搞花架子，当然也需要练。这都是一个评价机制的问题。

访谈六

问：您和您身边的教师了解教师专业发展这方面的内容吗？

答：我是教中文的，带的高一。我觉得新课改到底对老师有哪些要求还不够清晰，对新课改，老师需要储备什么样的专业知识和新课程的研究方面，好像都没有人给予我们指导，都是自己在摸索。在05年我参加过在首师大教育部举办的对新课改培训人的培训。我很认真地想搞清楚可还是没搞清楚一头雾水。我自己本身教了近30年的课了，我感觉现在跟以前差别不大，形式上有一些变化，但还是……高考指挥棒的原因。

问：那您觉得自己和身边的老师对教师这个职业感觉怎么样？

答：还不错。还是很有热情。当然也不排除也有个别的。但就是他们有的老师没有更好的机会让他们去进修，去储备更多的东西。

问：一些年轻教师也知道自己很需要去充电，向老教师请教。

答：经常还是互相听课，然后一起讨论，一起补充。这样比一个人去讲去看书要容易些。这就是我们学校最宝贵的。

问：您教了三十年，那你觉得教师的角色有没有在不断的改变，在不同的阶段。

答：还是有感觉的，开始做班主任，觉得还是很美好的。而且我也喜欢跟年轻人一起相处。然后到了高中，更了解到学生的心理发展,一方面是自己作为家长一方面是老师,也经常换位思考。渐渐地会比以前更了解如何去做好教师的角色。

问:如果都这么想的话,每个孩子都会得到最好的关心和照顾。

答:我以前做语文组组长的时候,我们组就一直是个大家庭,很温暖,学校也很关注。有时觉得性格决定命运,也许吧。虽然说快退休了,但还是会保持这种热情做下去。

问:那你现在觉得新教材下来,与以前的教学质量相比,效果如何?

答:我觉得量多了,这样会导致质量不是很高。

问:这个老师普遍都有这样的反映,工作量大,有的还需要折中处理。

答:事实上都要做个处理,可是因为高考,我们也不敢过多地处理,感觉这个新教材还需要改,很不合理。现在的负担比以前更多。自己所做的决定也都是围绕高考来的。没有个体发展。

问:那您从参加教师工作以来整体上的感觉怎么样?

答:整体上感觉课改还是很有必要,虽然有抱怨。根据国家的实际情况,如果没有课改,按照应试教育继续下去,培养出来的人才是很不利于世界的竞争发展的,所以在课改中有必要培养那种高素质,具有创新和人文素养的人才。这种整体方向,理念没有错,但是在实施贯彻的过程中,感觉初中和高中是不一样的,但高中碰到的难题就是知识量大大增加了。我也是努力在教学中开展一些活动,培养一种学习方法,学习能力,我想这个对他以后发展也是有益的。有句俗话,教学生六年要考虑他的60年。但所有老师都面临的两难的一个问题,既要考虑到他的素质又要考虑到高考。

问:您觉得这个新课改对您和学生带来什么变化?

答:应该是有,学生会从宣传中按照老师的要求也会去做一些实践,锻炼他们的小组配合能力,实践能力。

问:在我采访的老师中,您是最支持新课改的。那您觉得在确实推进新课改中各个方面应该有什么样的措施呢,包括教师,教育行政部门,学校啊?

答:从行政部门来讲,这个评价机制还是要多元化。对于教师来说不要总是抵触心理,不要逃避,迎难而上。心态积极。

问:该怎么建立合理的教师和学生评价体系?有没有考虑过这

个问题？

答：教师的评价应该是多方面的，考试成绩只是一个方面，然后可以从学生的反馈程度，家长的角度，科研方面等。

访谈七

问：您身边的老师了解教师专业发展的内容吗？哪些方面最重要？

答：这种师范教育确实要改革，在本科生阶段就可以学习西方那种。为什么名牌大学的学生出来不一定教得好学生，为什么？因为很多学校它都属于综合性大学，没有师范的性质和特色。我本人认为，如果本科生学的是师范，可以再加深两年，强化教师专业性。专家培训也很有必要。必须走出校园，到工作岗位上，付诸实践才是最实用的。

问：那您觉得您在这个学校的教师待遇，人际关系，职业上的感觉怎么样？

答：现在教师待遇，相对以前来说，好了些，但还是不行，与自己的付出和精力，相比来说基本上不成正比。现在教师职业是越来越不好当。

问：你们学校新课改方面开展得怎么样？

答：2006年开始新课改，我们是作为样板校，我们学校的高一高二学段都进入新课改的学习。

问：那老师们的适应程度如何？

答：我们学校老师的适应程度还是比较好的，因为实施比较早，要起到示范作用，普通高中的实施意见、评价意见都由我们学校做的，所以老师们实施得比较好。我们不仅做老师的定时培训，还做校本培训。我们觉得新课改有一样不好的，是大盘子的课改，课程标准需要，但是任何课程安排不能离开党的教育方针，所以我们首先就是要全面贯彻党的教育方针；二不能离开素质教育，我们要全面实施素质教育。我们要做到促进学生全面而又有个性的发展。这是我们的课改理念。

另外我们觉得九年义务教育的课改有偏差，有人提这次课改是课程的彻底革命，我们认为是错误的，因为新中国成立以来的中国教育是应该吸取教训，我们没有总结解放区的教育经验，也没吸取旧中国的教育经验,这也是周总理批评的。改革开放到 80 年代末,中国的教育是如火如荼的,到那时我们才真正走上正轨,可以说那时候形成了很多可以总结可以推广的教学经验,但是我们自己没有很好地总结这些经验。彻底革命也就是全盘否定,也就是要把新时期的经验也否定了。所以课改伊始,我们就提出重视三个方面,一个是要总结我国优秀的教育传统经验;二个是总结新时期以来的教育经验,以及九年义务教育课改的经验;三个是必须总结我们本校的教学经验。我们认为有三个契合点要找到。第一要找到我国教育经验和西方先进教育理念的融合,要吸收融合内化;第二是我国优秀传统经验和我校传统经验的结合;第三是找到实施素质教育促进学生全面发展和切实提高教育质量保证升学率的契合点。我们在这些方面走在了同类学校的前面,形成了自己一整套的高中新课改的理念。

问:我昨天采访了十几位老师,大部分人认为实施课改有难度,只有一少部分人认为新课改会取得一定成果。您如何看待?

答:老师们多多少少也跟外面学校一样到现在还有困惑,但是我们一再要求,一不能装模作样,要稳当地实施,做到透彻把握课改理念,在教学中贯彻实施不能像别的学校一样观望,课改是一个系统工程,这是要求稳当,教育是育人的事业,只许成功不许失败,所以稳当也就是促使老师负起责任,不能拿学生来试验,即使是实验也要促使学生成为成功的试验品,而不是失败的;二要有积极的心态,要积极探索,不能有侥幸心理,课改归根结底是促使学生学科素养和均衡发展,任何一方面偏颇都谈不上学生全面均衡的发展。全面均衡发展一是面向所有的学生,面向一个个有差异的学生,这样才能说促使他们全面而又个性地发展。我们提出既要重视整体要求,又要重视个性要求。三是一定要保证教学的有效性和高效性,教师一定要厉行高效性,每节课都要师生从各个方面真正成长,这样才能把课改落到实处。我们认为课改的过程就是发现问题解决问题的过程,所以每个老师都是参与者,我们要求老师的课改成果如何,就是看课改过程如何,你能够无时无刻在课改中发现新问题解决新问题总结新经验,在这个前提下,我们要求教师要发现新问题真问题,尤其是发现真问题,真问题就是你的问题是从实际中来的,而不是冥思苦想的,所以这些真问题是体现了课改中的矛盾,教师要抓住这些矛盾解决矛盾,使得自己的教学水平不断提高,自己的课改经验不断展现。在课改中不仅重视学生成功和成长,也要使教师实现专业成功和成长。要消除困惑。要求教师要有创新精神,要大胆创新,在授课经验基础上根据实际大胆创新,要求每个教师创造性地开展实验教学。所以,即使某个老师存在困惑,也要贯彻实施。

问:有些年轻老师认为高考没变,课改还是要注重成绩啊!

答:他们有这样的困惑没有错,但是我们的教学要适应高考,而不是高考来适应教学,有这样的认识,才能不断探索,才能取得好成绩。我们就给老师灌输,如果学生全面素质提高了,思想认识提高了,不管怎么考都没问题。

问:有的人认为要应付高考已不容易,现在课改又增加了负担,所以很难完成。

答:他们没有站在一定高度来看,老师家长的期望都集中于学生的升学率,老师和社会家长的期望一致啊,既然一致所以容易解决,怎样通过我们学校取得家长和社会的认可,在于你怎么引导家长和社会,要让家长相信学校的专业性,不要过多干预学校,也就是取得家长的理解和支持。第二,关键还在于老师自己,既然承担了教学任务就要对学生负责,不仅负责现在的学习,还要对他将来走上社会和终生的发展负责,这是三个层面,所以如果眼睛只盯在高考上,就谈不上学生全面的发展。有人生理想和崇高道德的人才能为社会服务。第三,我认为家长和社会把学生交给学校,就要信任学校信任老师,同样老师也要相信学生,如果不能,那对教学能力就有怀疑,如果现在对课改没有信心,那教学也就没有效力。老师存在两个问题,一是新课程的内容表面内容很多,但是弹性很大,关键在于怎么处理怎么活用教材,我们给老师培训时要求不迷信教材活用教材超越教材;二是教师对课改的时间观念怎么看,要力求在单位时间内交给学生更多的内容,而不是纯粹对知识进行肢解,虽然知识具有连贯性系统性和逻辑性,但是作为教师如何有效运用知识内在的逻辑性,在单位时间内把知识系统地教给学生,也就是如何活用教材,活用时间。当然,要实事求是,这跟大胆追求并不矛盾。

问:下面我们探讨一下在新课改下,学校和教育管理部门如何建立教师和学生的评价体系?

答:现在好像省里市里关于同课改相配合的教师的评价体系都还没有比较好的东西。我们有一个教师心得比赛,一个教师教学创新竞赛,这也是促进教师专业成长,还有对教师的考评。但是一个系统的还没建立。我们认为对于教师的评价不能脱离学生的学习效果和成长,尤其是教师的绩效评价要于此挂钩,有些是教师的道德品质等隐形方面的评价,而不仅仅是教学效果的评价,要顾及方方面面,作为教师自己要知道怎样才是真正优秀的教师。我认为无论是怎样的教师评价都要符合三大要求。

问:哪三大?

答:一科学、二可操作性、三实施一定要达到正面的积极的效果。建立这个评价体系要从这三方面下工夫。

问:那对学生的评价体系呢?

答:这个也在探讨,但是我觉得有三个问题要解决,学生的构成要素有六个维度。任何评价离不开三个层次,基础性层次、发展性层次、创新性层次。为什么要有这么多维度呢?维度越多越难操作,项目越多越难操作,出现的问题越多。所以我们提出这种评价方式。学生的素质说到底就是基础、发展、创新素质,创新素质最高。我们拒绝烦琐。学生综合素质评价如何操作。要通过学生的综合实践活动,这是最关键的,因为有浓厚的社会性。要对学生的个性特长和才艺的重视,所以我们学校每年都举行展示竞赛让学生展示个性。现在学生的评价是社会多方面参与的,其评价是软性的,要注重学生软性的评价。要注重评价中的诚信问题,教师的,学校的,家长的。学生评价是要下很大力气去攻克的难题。有人提出学生评价是否要纳入高考,我认为这需要慎重,因为高考成绩的衡量和综合素质的衡量完全是两码事,甚至可以说是不同性质的两码事,所以不能操之过急。不慎重就会导致教育的不公平,在还没有科学有效的综合素质评价体系之前,把这种评价纳入高考是不可行的。

问:对于课改您认为主要的困难在哪里?

答:我跟人家看法不一样。我认为首先是教育行政部门的理念,因为行政部门拿学校的高考成绩来评价学校,所以学校只能关注成绩,这导致竞争恶性发展。

问:那您觉得教师应该具备怎样的知识结构背景比较合理?

答:教师不仅要打好基础理论功底,光有专业学科知识还不够,教育理论功底,更要有好的人文科学素养。这样才能站得高望得远,从综合素质上培养学生。第二要有高远的坚定的理想信念,否则就会急功近利好高骛远,抵抗不了诱惑,这样就成不了一个好的老师,也教不好书。第三要有坚持不懈的教育教学品质,不是为了应付为了把课程教完而教,要把教师育人的过程看做创造的过程,要对自己的教育学永不满足。当然,没有扎实的专业功底,没有牢固的专业思想,没有坚持不懈的创新精神,那工作是做不好的。爱护学生尊重学生相信学生,这种品质是最基本的。当然批评也是必需的,没有批评,就没有进步,对学生的爱和宽容都不是没有条件的。只有如此才能让学生明确自己的发展之路。当然批评的时机和度要把握好。

问:您对接下来教改发展的趋势如何看?

答:很多学校很多省市都在观望,从目前来说有十六个城市加入了课改,但是课改成为不可逆转的趋势,教育要发展必须要课改。但是现在还有一些误区,进度的效果如何能否取得最后的成功,路还是很艰辛,也很难预料。另外我认为课改有几个趋势,校本培训越来越受重视,比专家培训更切合实际;第二教师的通识培训和专业培训要同等推进,学生的全面发展要求教师的全面发展,教师的全面发展光靠专业发展是不行的,还要注重通识发展;第三课改的培训不仅指教师的培训,更重要的还是教育行政部门和学校行政部门的培训,这些管理的改进要提高到课改的高度来。

问:我们正在做的课题是"高中新课程改革背景下的教师的学习与发展",您认为我们这个课题更应该关注哪些问题?

答:我认为更应该关注教师的职业道德。教师的职业道德精神和品质是教师专业能否真正成长的关键。第二是教师创新精神的培养,培养他们的创新能力,因为教师的工作是创造性很强的工作;所以应该促使教师能够在以人为本、促进人的全面发展前提下大胆创新,有这个创造意识。当然教师的精神的形成不是仅仅对教学方法的改进,而是对于整个教授过程的创造,整个教材的领会,整个教学过程的推进在育人的整体实施方面都有有效的提升。第三教师要多阅读,尤其是"八〇后"大量涌进教师队伍,更应该引导要求教师静下心来多读书多钻研多实践,在整个功利思想很严重的背景下,我认为当今的教师其专业发展与否,三个方面很重要:有没有高尚的职业操行、有没有不懈的探索精神、有没有成形的功成名就,这个是教师专业发展的瓶颈。一个优秀老师与一般老师的区别就在于能不能不断反思。一个优秀教师与学者型专家型教师的区别就在于能否把自己的教学经验升华为自己的教学理念。

访谈八

问：你现在对本职工作感觉怎么样？

答：我现在对这个工作还比较满意。尽力而为，顺其自然。

问：您觉得现在新课改给您和您身边老师带来什么喜悦或者困惑，你对新课改有什么建议？

答：对我来说，在没有进入实践工作还是比较喜悦的，确实需要改，这个做法也还可以，但还是不够具体，操作上面各校都有各校各自的操作。现在还是一个试验阶段，困惑还是比较多的。高考这个指挥棒太重要了，它如果没有什么改动我们还是动不了，作为一个学校还是要围绕高考来的。最好就是高考有个明确的改革方案，让我有所明确知道该怎么做。这也牵涉社会的教育评价。

问：这样就涉及一个学生评价，怎么评价学生，怎样评价教师工作成果。

答：我始终觉得评价问题是一个最根本的问题。它最终涉及到一个利益问题。

问：学校方面需不需要再给你们做一些这样的培训，请一些专家来给你们讲讲这样的课？

答：这个很需要。专家来给我们做一个辅导，最好面小一点。有规律一点，具体一点，微观一点。但是这个对于学校来说很难做到。

访谈九

问：现在关于新课改的问题，您和您身边的老师了解新课标的背景，目标，理念这些内容吗？

答：我是去年代的高一，接触新课标一年，也有去过培训。据我了解，接触新课改的老师是主动性的，也有优势的地方，就是近两年我们学校进了一些年轻的老师，他们在大学里本身就接触到这方面。对于中年教师对新课改的接触也比较主动，对于老教师接触的就比较少。

问：您觉得现在的新课改对你或身边的老师带来什么喜悦或者说存在些什么困惑，还有您对新课改有什么相关的建议？

答：新课改，无论是从课程的内容设置，还是对学生的人性关怀，知识掌握的螺旋上升,这种理念方面都很好,关于课程的内容编排上与往年相比都有很大的变化。这种课程安排的内在逻辑与学生心理的发展,能力的接收等方面都是比较科学的。再者就是课堂教学的组织和备课的组织等都与以往有很大的不同。在具体实施的时候我们也碰到了困难,主要就是升学的压力,所以我们也补充了一些内容。但这种增加的内容也是慎重的,经过讨论考虑的。

问:您觉得确实要推进这种新课改的话,需要哪些措施,国家政策、学校、或者是学生家长还有学生怎样配合?

答:就是要形成几个反馈的环节,包括我们专家要细心听一些老师的反馈。再就是要做到课程改革的专家和我们学校有种互动的反馈,或者说追踪,长期观察。还有就是我们学校的老师与实施课改的老师之间要有一个反馈。

问:在新课改的背景下,应该怎么建立一个比较合理的教师评价体系,学生评价体系? 就是说怎样评价教师的工作,学生的学习?

答:个人觉得难度很大,评价这方面我就放弃了。一方面理论方面掌握的比较少,教科院的一些方法我们不是很懂。就目前来讲,这个评价很难推进,一般就按照成绩来评价,大家都知道要改,可改起来很困难。对于学生的评价,我们在以前的基础上更加注重 ABCD 的等级,不光只是钩与叉。而且也提倡学生写教学笔记,学习教学心得等,慢慢加强这种素养的培养。但是自己本身还是缺乏对理论的深入和学习。

问:对于个人来说,您觉得从理论方面来讲,需不需要补充一些教育心理学方面的知识?

答:那是肯定的。有机会多听一下专家的讲座也是很好的。这方面还是很需要的。

通过对教师访谈的整理和分析,我们发现教师参与和适应新课改方面,整合起来也有八大问题:

第一,教师们觉得高中新课程有必要实施,高中教学的大环境有必要改变,但高考改革、教师评价改革也要跟上;第二,教师们觉得高中新课改的方向是好的,但高考的现实,教材内容的大容量,课时安排的不足,完全落实新课程的要求很难;第三,教师们觉得基本上能适应新课程、新教材,但教学模块之间的联系脱节,要串起来很难,尤其是理科,逻辑性降低,学科思想和思维的连续性、拓展性削弱;第四,教师们认为新课程的新教材内容丰富,图文并茂,背景知识贴近生活实际,与学生生活实践合拍,但高中课改与初中课改没有很好衔接,加大了高中教学的难度;第五,教师们认为高中课改的强度很大,但整个中学的人文环境很差,从地方政府到社会,关注的不是教师的身心健康和人生发展,而是高考成绩和升学率;第六,教师们认为自身教学能力不成问题,但认为教师主动适应课改的创造力很重要,无奈急功近利的应试指向,以致教师的才学卓识和创新能力没能发挥;第七,教师们认为自身的专业发展很重要,但现实与希望有很大差距,成绩是学生、学校的命根子,全部时间都投入到教学、应试上了,哪有时间投入专业学习、专业提高上;第八,教师们认为课改很有必要,但现在教师面临两难问题,教学中既要考虑学生素质,又要考虑学生的高考,即既要考虑现实的应试需要,也要考虑未来的人生发展,真是绞尽脑汁,伤透脑筋。

二、问题研究与实施对策

(一)专业发展现状方面

　　着重研究的问题是学校责任与教师发展的关系问题。只有教师的发展,才有学校的发展。教师的生命持续成长和专业持续发展,是学校责任的重中之重。因而,要切实处理这个问题。

　　针对这一关系问题,实施的对策为:

　　第一,教师提供各种专业发展的机会,迅速提高教师的职称层次,做到既关注个体教师的发展,也关注群体教师的发展。

　　第二,引进有经验的中年教师,逐渐弥补教师队伍出现的年龄断层;有计划地引进男教师,改善教师的性别结构,促使教师队伍整体结构合理、协调、和谐发展。

　　第三,适当减少班级人数,降低教师工作量,为教师营造乐于工作的浓厚氛围,提供利于应对挑战的条件和保障。

第四,想方设法让教师在忘我的工作中体验和品尝到教育的幸福、教师的光荣,从而产生提高专业水平的追求,使专业发展成为教师自主发展的意识和需要,成为个人的志向和信念。

(二)教师对高中新课程的适应性方面

着重研究的是理论与经验、教师与学生、课程与教材、教学与管理、评价与发展、培训与提高等方面的关系问题。教师对高中新课程的适应,关键就在于科学解决这些问题。

针对这些关系问题,实施的对策为:

第一,加强理论学习和经验总结。理论学习主要是夯实教育与心理的现代教育理论、现代教育技术、广泛的人文和科学知识、本学科的现代发展及其他的教育科学理论知识基础,全面提高教师的理论素养。经验总结是引导教师总结九年义务教育课改的经验、本校的教改经验、个人的教学经验,以致民族优秀的教学经验,并通过对经验的总结升华为理论认识。从这两个方面提升自身的教育理论素养。

第二,从课程目标和课改目的着眼,要求建立新型的师生关系,实现教师角色的主动转变,使课程实施进入学生的生活领域,适应学生的学习体验,适应学生的课程参与,从教学态度和专业取向都能适应学生的愿望和需求,利于师生的共同成功和发展。

第三,要求教师明确课程实施和教材应用的关系。一是教材知识内容的重组要高度拓展知识产生的空间;二是教师的教学认知和教学设计要融入对课程、教材的全面、透彻理解;三是教学的意识和生成,要考虑教材内容的实际和学生的学习、教师的教学发展的动态生成过程;四是教材的应用或知识的传授要利于师生、生生的互动和探究等,以此切实教育教材,真正认识教材的真正作用和意义。

第四,在教学的整个过程中,要以学生为本,一切从学生知识的掌握、知识的运用、能力的提高、素质的全面发展出发,要充分地使师生的情感融合沟通起来,教师的能力与学生的能力要互相沟通起来,做到师生在教学的动态过程中互相影响、互相促进,使教学过程真正成为师生生命共同发展的过程。教学的管理务必要促使师生生命能动的、互动的发展。因此,教学管理应该是人性的管理,不能单纯地以制度、以纪律代替管理,一切有利于师生充分发展的时间和空间、物力和财力都要充分地利用和发挥起来,使管理成为教学与学习互相促动、互相提升的桥梁。

第五,无论是教师和学生,都要采用综合性评价和发展性评价,对于学生的综合性评价,要把学生作为自主的、活动的、能动的、创造的、正在逐步走向成熟、成长的生命来尊重、来信任,给予他们做人的尊严、学习的信心、进步的追求、成功的机会,使评价真正为学生的成长和人生发展服务,以满足学生成长和社会发展的需要,教师的评价要以教师发展为本,把教师发展视为教师发展需要,要求教师自觉进行师德砥砺、学养修炼、专业提升、人格塑造,不断地更新教育观念,改进教学行为,提高工作质量,完善职业表现。更有责任、更有个性、更有效能地为学生发展、学校发展、社会发展服务。

(三)教师对自身专业发展的认识方面

着重研究的是专业发展规划与专业发展目标、专业职业任务与专业发展自觉、专业职业要求与专业发展支持、专业发展志向与专业综合素养等方面的关系问题。正确地处理好这四对关系,是教师专业成长、专业发展的基本保证。

基于这一认识,我校实施的对策为:

第一,要求每一个教师都要认识制定专业发展规划和确定专业发展目标的重要性,能够恰如其分地根据自己的实际,实事求是地规划短期的,中期的,长期的专业发展规划和专业发展目标。千方百计地为落实规划、达成目标而努力。

第二,要明确自身的专业职责和职业任务,想方设法在圆满完成专业职务任务的同时,克服一切困难,排除一切压力,自觉进行专业学习,坚持不懈地促进自身的专业发展,能够科学地处理好工作压力和专业成长压力的关系。

第三,要明确各个阶段的专业发展要求,积极拓展专业学习渠道,创造专业发展条件,争取各个方面的专业发展支持。绝对不能因为环境、条件或其他方面的原因,降低自身的专业发展要求。至于学校职能部门,要主动、积极、有针对性地为教师的专业发展提供方方面面的支持和服务,积极协助教师达成专业要求和发展目标。

第四,引导教师认识专业发展与专业成长的关系,确立专业发展志向,积极参与各级各类教育教学科研,以教学科研促进探索实践,以探索实践推进教学科研,不断提高专业综合素养。

三、校本教师专业发展的途径和策略

(一)校本教师专业发展的目标思路及做法

以校为本、以教师为本、以学生为本,就是发挥学校、教师、学生的主力军作用,以学校、以课堂为主阵地。

以校为本、以教师为本、以学生的全面发展和全面提高教育的质量为本。实施教师全员校本培训、培训立足于边教学、边学习;边提高、边发现问题;边反思、边解决实际问题的做法。让教师掌握以科学的教育教学理论为指导,学会运用科学理论对教育教学实践进行诊断、分析和评价,达到发现问题和解决问题,提高学生学习效率和课堂教学质量的目的。

其目标思路具体为:①全员培训——②掌握科学的教育教学理论、提高教育教学素养——③运用科学理论实施教育教学,提高教育教学水平——④建设学校文化,形成学校精神——⑤培养出研究型、学者型、专家型教师——⑥提高教育教学的质量,学生全面而富有个性发展——⑦产生出符合本校实际的校本教育理论——⑧形成学校的教育、教学、管理特色。

其基本做法包括:(1)优秀教师与青年教师结成师徒;(2)优秀教师常态下示范和辅导;(3)优秀教研人员作教学和教研讲座;(4)开展多形式教学和主题班会竞赛;(5)通过教研例会解决实际问题;(6)开展走出去、请进来的教学交流活动;(7)寒暑假集中进行校本专题培训;(8)设立校级科研基金,全面开展校本研究;(9)与上级科研部门合作,承担重点科研项目;(10)与著名高校合作,培养学者型、专家型教师等。

(二)教师专业发展的教育层次

学校教师教育着眼于两大方面:

一是后师范教育。教师任职后,延续其师范性(专门性)的学习,不放松其教育通识和专业理论的学习,如参加教育硕士,教育博士的学习或是其他形式的自主、自我学习,保证其学习的延续性。

二是教师继续教育。教师任职后,追随其教育教学性(实践性)的学习,在实践的高度不断增进对教育教学工作的认识,围绕国家对教师继续教育的要求和教育教学的现实需要,进行完善性、发展性、创新性的学习。

要求的依据:1998 年教育部颁布实施《面向 21 世纪教育振兴行动计划》,提出"跨世纪园丁工程";1999 年教育部颁发《中小学教师继续教育规定》;2004 年国务院批转《2003－2007 年教育振兴行动计划》,提出"高素质教师和管理队伍建设工程"。

根据教师继续教育证书制度,教师继续教育课程开发和管理制度、教师继续教育评价和培训保障制度的要求,实施校本教师继续教育的实施、评价与管理。

实施中,突破技能化、简单化,倡导个体专业化与集体专业化、工作专业化与职业专业化并重。

这是教师的根本任务决定的:教师不是培养获得分数、纯粹升学的工具;而是培养符合社会公共规范的、自觉融入社会进步发展的、积极维护社会普适愿望和价值取向的现代教育者。这就决定了教师工作的精细化、专业化、集团化和职业化。教师自身素质的提高、自身价值的体现,都要符合教师职业与职责的目标和要求。

一是强调教育理念的未来性。要指向未来和发展,坚持科学发展观,坚持以人的成长、发展为本,坚持教育生活与社会生活的同一,坚持科学精神与人文精神相结合。

二是强调专业成长的发展性。教师专业成长形式上是以个体专业发展为核心,目的在于强化教师的教学品质,优化教师的专业行为,增强教师的职业责任感,实际上是以社会整体发展为目标,目的是为民族、国家培英才,推进综合国力和社会实力的发展,使民族、国家能立于世界民族之林,全球发展之林。

三是强调专业发展的持续性。教师专业发展的最突出形式是持续性、教师的专业成长过程是漫长的、反复的、与时俱进的,其持续的过程贯穿教师整个教学生命历程的始终。为此,我们强调教师的专业发展要着眼终身,形成牢固的专业学习习惯,具有终身学习的品质。

为此,我们强调:立足专业性、发展性、持续性、尤其要注意几个方面:个性学习与团体学习结合;实践学习与理论学习结合,反思学习与创新学习结合等。

强调教师专业发展要有一种品牌意识,使教师队伍成为学校品牌的标志:

一是学校育人的品牌。通过教师的专业学习和专业发展,体现新的教师职业观和教师发展观。新的教师职业观就是以学生为本,把学生作为自主的、活泼的、能动的、创造的、正在逐步走向成熟、成长的生命来尊重、来信任,给予他们做人的尊严、学习的信心、进步的追求、成功的机会,全心全意地为学生的成长和人生发展服务,以满足人才成长和未来社会发展的需要,以此形成学校育人的品牌。

二是学校精神的品牌。通过教师的专业学习和专业发展,强化教师日常的思想、行为规范,要求教师有良好的职业道德操守,有崇高的师德修养和师德风范,有坚定的教育信仰和教育理想,有职业的使命感和荣誉感,有勇为最先、追求极善的决心和信心,有强烈的职业贡献愿望和无私奉献精神,以此形成学校精神的品牌。

三是学校文化的品牌。通过教师的专业学习和专业发展,推进学校文化建设。我校认为,学校文化建设的核心,就是彰显师生的职业追求,以教师更有责任、更有个性、更有效能的工作,凝聚学校的力量和智慧,确保学生充分、全面而有个性、有差异的发展;确保师生都能激扬生命活力,澎湃创造精神,产生追求卓越的理想情怀,实现师生的现实成长,使师生的成长与学校发展、社会发展获得统一,以此形成学校的文化品牌。

(三)教师专业发展的知识能力建构

1986 年,美国的《国家为培养 21 世纪的教师作准备》和《明知教师》两个报告就指出:要确保教师的质量,就必须提高教师的专业水准,而提高教师专业水准的重点所在就是明确教师专业的知识基础。

教师的知识包括专业知识与技能,专业思想与情意,专业道德与操守等。归括起来说:就是要体现专业角色,胜任专业工作的内在素质与专业发展追求。基于这一认识,我们努力为教师创造适宜获得专业知识、提高内在素质、产生内在追求的"外部环境"和"内部环境":一是拓展教师继续学习的研究氛围,为教师提供继续学习的机会和条件;二是经常组织教师进行教育理论学习和学科思想培训;三是从教育论和教学法的角度,围绕学科教学实践,从学科课程、学科教学的研究、实践、交流、讨论中深化对课程知识、学科专业知识、教学法知识的再认识;四是面向学生的成长,观察课堂学习和日常生活过程,从人的成长的高度去认识学生成长的特点、规律的相关知识;五是从实现教育目标,教育理想追求中获取的关于教育背景、教育目标与价值追求的知识;六是从培英育才的时代性要求方面去把握与时代发展要求相关的教育理念及其知识等知识,都必须是从教师的专业学习、专业实践、专业探究、专业追求中自然而然地获取。这实际上也是教师在工作实践中和专业发展追求中所必不可少的学科知识及其在实践探索中生成相关的知识、教育理论知识及其在实践过程中产生的经验知识,包括课堂情景知识,过程知识及其生成的相关知识、教育反思知识,以及在长期的实践探索中新形成的专业精神、专业品格等方面的教育文化知识等,它涵盖了教师专业生命历程中发生、发展、完善各个阶段中所产生的、又必要的所有知识,揭示了教师教育教学实践和教师智慧成长、人格形成的过程。

让教师在认识自身知识需要的同时认识这个过程,是我校关注教师成长的极其重视的方面。目的是让教师明确,这些知识和过程不是单纯产生于"技术"中的经验,而是在对学科教学与学生成长的关系中产生,是师生情感化、行为化、精神化、人格化的成果;他不是单纯属于哪个人的知识,或是哪个人的过程,而是属于整个学科、整个群体的普适性、交融性、互动性、生成性的知识和过程。尽管这些知识和过程有其鲜明的教师个体实践特征,都是学生集体学习实践引发、生成的过程成果。也就是说,在特定的课程、特定的情境、特定的内容、特定的对象中所展开的过程,所形成的知识,这就是教师知识、教师智慧所生发、发展的过程和本质所在。让教师认识这些问题,有利于教师认识个体实践知识与公共生成知识的问题,更有利于教师解决教学实践与自身发展的主要问题,启发教师在教育教学实践中找到教育知识、教育智慧的生长点和专业发展的广泛空间。

教师知识、智慧的生长有待于教育改革和课程改革的支撑。据此,我们要求教师要勇敢投身教改、课改实践。只有积极参与改革实践,才有可能增强专业情感、端正专业思想,提高教育教学实践能力。

一是要明确课程改革对于教师成长的必要性；二是要明确课程改革对于教师专业成长的目标；三是要明确课程改革对于教师专业成长的必经过程；四是课程改革是激活教师创造力、增强教师生命力的关键所在。也就是说，教育改革是教师生命成长的和专业发展的新的动力源、生长点，能有效促进教师心智、品格的成长和健全，是教师新知识、新智慧产生的根本所在，它揭示了教师知识、智慧成长的特点和规律。

（四）教师专业发展知识的增长点

要使教师的专业知识产生增长点：我们十分注意从教育理论和教育实践、从教师生活到学生生活、从学生生活到社会生活的中介环节要求教师：(1)重视现代教育理论知识的学习和掌握；(2)重视教育理论知识的实际应用；(3)在实践过程中有多方面的积累和感悟；(4)对更有效率工作获得了更有效果的揭示，从学生学习情况正视自身的优势和不足；(5)对教学改革和课程实践有独到、准确的判断；(6)及时反思、总结、完善自己的工作；(7)对自己有客观、大胆的评价；(8)能超越常规、超越自我的提高需要和追求；(9)重视欣赏同事和学生、善于从他们身上获得启示；(10)于自己职业看到人类的成长和社会的发展；(11)把学生成长、学校发展视为教育教学生命的生长点；(12)关注教育发展和教改发展形势，从中获得思想启迪和智慧启发；(13)乐于吸取与教育相关的方方面面的知识，扩大知识增长和教育实践视野；(14)过有反思、有总结、有提炼、有积累的生活等。

总之，教师是参与者、实践者、研究者、总结者、完善者。离开参与、实践、研究、总结、完善，教师就自然而然要产生知识和智慧缺陷，就难以促进专业成长和专业发展。

我们还要求教师要充分认识到，在后现代社会，教育系统处于全球性发展和多方位挑战的战略变化之中，教育改革和课程改革成为一种持久、持续的状况，全球发展和全方位竞争对教师的身份和角色都产生重大的影响。面对这样的势态和环境，教师的专业实践和专业发展更需要一种理性的团队合作和团队协作，以使教师的专业成长和发展顺应和适应多元的变革和挑战。

也就是说，在这种情况下，教师专业发展需要团体协作，合作探究，要求教师：(1)互建信任和责任平台；(2)开通平等交流和民主交流渠道;(3)形成共同的目标和价值认同;(4)共享资源和互通信息;(5)一起设计、制订工作方案进行知识建构;(6)支持彼此的自主性和选择性;(7)共享成果和经验;(8)共同研究和完成感兴趣的课题和任务;(9)分享彼此的成功和快乐;(10)分担彼此的困惑和困难;(11)尊重彼此的权益和权利;(12)有宽松的心境及和谐的愿望;(13)尽力缩小学科差异和专业差别。在此基础上,做到个体优势发展和团队共同发展。

(五)教师对自身专业特性的认识

教师在明确自己必须掌握的知识之后,还要明确自己的专业特性。这是我校校本培训的关键。

一是对教师专业性职业的认识。结合教师职业工作让教师认识自己的职业。第一,必须经过专业教育专业训练;第二,掌握专门的教育知识和教育技术;第三,从事一定目标和要求的教育教学专门化活动;第四,培英育才,提高公民素质,提升综合国力;第五,促进国家富强,社会进步。其突出特色:就是为学生成长和社会发展提供卓有成效的服务。

二是对职业标准的认识。结合教师的职业作用和职业意义让教师认识自身的职业标准:第一,是有技能方向性和规范性,甚至是有一定政治性的工作;第二,是属于高智商、高技能的心智活动;第三,具有明确的、指向性较强的知识领域;第四,合乎专门的规范的职业要求;第五,须经过持久、持续的继续学习,不断探索方能胜任;第六,不能仅仅视此为职业,而应将此视为终身为之服务、为之献身的事业;第七,道德操守、职业成效要符合既定的规范标准;第八,以确保学生成长和促进社会发展为基本目的;第九,有忠于职守和无私奉献的精神。

三是对职业活动的认识。结合教师的职业活动过程和学生的学习能动过程,让教师认识自身的职业活动实际是师生生命交流的活动。第一,是知识传授、技能培养和情感、思想交流的活动;是师生双向交流的教育活动,相互影响、相互作用的活动;第二,是师生相互展开过程和获得效果的活动;第三,是师生情感相融,心灵相遇,思维互相碰撞的活动;第四,是师生的观念、情意、行为、思想、精神、情操共同提升的活动;是教师以自身的外在表现促进学生内化完善的活动;

第五,是充分反映学生心思和展现教师心智的活动;第六,是学生能动反馈和教师主动反思的活动;第七,是师生共同实践、共同创新的活动;第八,是师生平等交往,达成和谐、默契,共同完成教育任务的活动;第九,是教师履行责任权力和学生享受权利、义务的活动。

四是对职业复杂性的认识。结合教师的职业性质和社会发展要求让教师认识自身职业的复杂性。教师既是专业教育工作者,也是人文、科技和社会工作者。其一,教师面临的教育情境,千变万化,具有不确定性和可变化性,要求教师有较高的教育机智;其二,教师面对的教育对象情况极为复杂,面对不同背景、不同际遇、不同天赋、不同程度、不同性格、不同情趣的学生,既要去适应他们,又要去转变他们,更要使他们成长。这就特别需要教师有宽阔的襟怀和宽容的情怀;其三,教师面对的社会要求是多元的,既要满足家长的愿望、又要符合社会规范,更要适应学生的社会化能力转化需要等等,更要求教师在复杂多变,要求多元,对象多层的教育实践中,认识自身工作的复杂性、动态性、变化性、坚定教育信念砥砺教育品质,增强教育智慧,升华教育境界,在多元多变的教育教学实践中去显示独特的个性和教育的魅力。

(六)教师对课程与自身关系的认识

1. 明确课程与教师的关系及教师在课改中的作用

如果说课程是一种发展的文化,那么教师就是认识这种文化的发展着的教师。因此,我们从教师的文化和文化的教师的角度,让教师在课改中尤其要关注课程文化与自身文化发展的联系,以课程改革实践促进自身的专业发展。

一是帮助教师在课程改革中看到自身希望和社会期望;二是帮助教师理解课程改革对于社会的变革意义;三是帮助教师明确课程改革的文化意义建构和生命意义建构,获得对课程改革的信任和理解。

在此基础上,引导教师在实际的课程改革实践中去认识课程改革不仅是社会变革对于教育的需要,也是学校教育适应社会发展的需要,更是师生生命发展适应未来社会变革和文化发展的需要。由此使教师获得对课程改革的正确、充分的理解;对课程改革的执著信念;对自身职业角色发展的认识和对自身专业成长的意义和价值体现,从而产生我要改革,我要在改革中成长,在改革中获得专业发展的强烈愿望;觉得课程改革是自己的权利,自己是课程改革的受益者和创造者,也是社会变革的创造者和受益者;进而诱导教师去建构学科的、班级的、年段的、学校的课程改革的动力体系,使课程改革真正成为教师的、学校的自主的、积极的、创造性的改革。

作为文化变革的主体和主体的文化变革的教师,只有让他们真正成为主宰学校变革和课程改革的主体力量,变革和改革才能顺利,才能成功,教师也才能在改革实践中获得专业成长。据此,我校采取三大策略:

第一,突出教师改革主体的作用。充分发挥教师的改革智慧,让教师参与学校变革和课程变革决策,建设教师民主参与的学校文化;倾听教师的声音,重视教师的建议,尊重教师的判断和选择,建立教师民主决策执行机制、评价机制和保障机制,让教师决策真正发挥作用效力。

第二,体现教师改革主体的力量。课程改革的任务是由教师去完成,课程开发、课标理解、课程设置、课程实施、课程评价、课程发展都交由教师去统筹、去组整,充分发挥教师的经验和创新作用,在提高教师课程改革决策力的同时也提高他们的课程改革执行力。

第三,营造支持性的教师文化。教师文化是教师思想智慧和教师行为成效的集中体现。无论是课程改革出现的问题,或是课程改革中导致的失败和获得的教训,都是教师文化主要的组成部分。教师文化说到底是经由实践产生的文化。改革实践是尝试式的,既有成功,也有失败,因而,一个宽松、和谐的课程改革环境是教师文化得以形成产生的土壤。所以,我们一是支持教师积极尝试,大胆改革;二是对改革过程中产生的问题、错误,甚至失败予以包容和激励,三是对成功的经验和成果给予及时推广和奖励;四是及时帮助教师解决改革中的问题,排除改革中的困惑,保证教师宽松的心境,增强改革的信心和希望,以此营造支持性的教师文化。

2. 重视教师观察行为的培养

没有教育的观察就没有科学的教育行为。为此,我们开设"教育观察学"讲座,要求教师学习劳凯声教授主编的《教育学》,培养"观察儿童的能力",把教育观察视为自身的一项必要的、重要的"基本能力",善于从儿童的言语、行为、喜怒哀乐的观察中获得第一手资料。

就是说,要善于从学生的经历的过程性、持续性、发展性来认识学生、理解学生,从而明确他们的需要、性格、知识水平和心理水平,以了解他们的需求,聆听他们的心声,为自己的教育教学提供依据。要求教师要把教育观察作为日常的职业行为习惯,当作一项日常的研究来进行,不断提高自身的教育洞察力、判断力和分析力,以及解决日常教育教学问题的能力。

教育观察行为是一种外显行为和内隐能力的结合,内隐能力层次不同的教师,所体现的行为特性、所获得的观察信息和观察效果往往是不同的。为此,我们要求教师对于学生的"学习史"要有持续的、过程的、全面的关注和观察,同时对于自己的"观察史"要有具体的、深入的、持久的、系统的分析,从教学过程和教育效果的角度去揭示学生的"学习史"与自己的"观察史"的关系,从而诠释学生学习行为与自己的观察行为的变化是否获得一致,呈现双向的信息传输和互动的效果反馈。

为此,我们非常重视教师观察行为水平的提高。要求教师的观察,不但要观察课堂教学情境,还要观察课外生活情境;不但要观察学生的课堂学习表现,更要关注学生日常的生活表现,能够对学生进行全面的、个性的各方面的持久、深入的观察,以获得对学生准确的主体的认识和评价。尤其是对学生的道德、情感、心理、行为、精神和人格等方面有客观的、发展的判断,为教育教学方法和措施的改进提供有力的依据。

3. 要求教师运用教育哲学解决课改问题

为了更好地解决教育和课改问题,我校在开展"以教师实践为本"和"课程改革为本"的校本教师培训中,要求教师要学会哲学,尤其是教育哲学。因为教师的实践活动,不但需要专业理论和专业知识的支持,更需要哲学、教育哲学的支持。只有哲学,才能使教师更为理智、更为深刻地对待教育教学中的一切问题、一切现象。才能提升教师的教育境界,增长教师的人生修养和教育智慧。诚如乔治·F·奈勒所说:"哲学解放了教师的想象力,同时又指导着他的理智。教师追溯各种教育问题的哲学根源,从而用比较宽广的眼界看待这些问题。教师通过哲理的思考,致力于系统解决人们已经认识清楚并锻炼出来的各种问题。那些不应用哲学去思考问题的教育工作者必然是肤浅的,一个肤浅的教育工作者,可能是好的工作者,也可能

是坏的工作者——但是好也好得有限,而坏则每况愈下。"对此,我校的做法是:

一是让教师认识哲学的意义和作用。哲学的本质是"实事求是","实事求是"的本质在于"求","求"的本质在于实践、探究。可见哲学是创造、思考的源泉,"实事求是"是课改实践的原则。要求教师在实践中践履这一原则,对课改中产生的教育问题进行由此及彼、由表及里的深入思考,从而获得对于课改本质及其现象和规律的全面、客观认识。

二是倡导教师运用哲学指导实践。"实践出真知",哲学就是指导实践获得真知的智慧。教师具有哲学的思想,就有可能产生教育的智慧;有哲学的思想,就有更多认识、反复追问教育问题的欲望,就能在不断的认识、追问中产生教育的智慧。从而更为敏锐、更为深刻地捕捉到课程改革中的真问题,进行纵深式的、延展性的教育反思,有效地解决困惑、解决问题,形成一种创造性习惯和创造性智慧。

三是倡导教师在实践中积极运用哲学思维。哲学思维是实践过程中哲学思考的产物,它是以理性思维为主导,以批判反思为主要途径,运用概念、判断、推理将理性思维和非理性思维相结合进行的逻辑思考和意义论证的思维过程。要形成和运用哲学思维,更多的是要形成反思的习惯。能够自觉地、积极地在实践中追问自我,反思自我,具有强烈的问题意识。应该说,教育的哲学思维的活力来源于教师积极的反思行为和强烈的问题意识,有了反思行为的参与,有了教育问题的存在,就能发现教育改革问题矛盾产生的原因,就能找到解决问题和矛盾的方法,就能产生对于问题和矛盾本质的反思,即从教育的本质问题反观人的本质问题,由教育基本问题反观教育的重大问题,由教育的具体问题反观教育的抽象问题。长此以往,形成一种哲学的敏感性和哲学思维的习惯。

四是倡导教师在哲学观察中提升哲学思维能力。教育观察是教育判断力和教育想象力的基础。教育观察分为一般的教育观察和哲学的教育观察。一般的教育观察是即情即景的观察,即直接观察教育过程的表现或教育问题产生的情景等;哲学的教育观察即从对事物和问题实景实情的表面观察进入到事物和问题的深层本质和原因、对象的关系和属性等等方面进行细节性、细致性的,但又是关联性、整合性的思考。这更有利于教师思辨能力与反思精神的培养。

因此,我们尤其鼓励教师要在日常的教育实践中,经常开展个体的、集体的反思性活动,以此训练敏锐深刻的教育教学的思辨能力,自觉进行教育的哲学观察,从而取得对教育本真生活和本质规律的认识,产生对教育生长和学生成长的本真感受,更为全面地促进自身的专业发展。

我校在课改中要求教师反思的内容、方式、目的为:

反思内容:教学思想的反思、教学内容的反思、教学方式的反思、教学环节的反思、教学方法的反思、教学效果的反思。反思表达方式:集体反思(包括听课和评课时的反思、课程研讨时的反思、教学总结时的反思、经验交流时的反思等);个人反思(包括写教后记、教学日记、教育叙事、教学案例、教学随笔等)。反思目的:解除困惑,总结经验,激发尝试,追求成功。

五是倡导教师在增长教育智慧的同时升华教育的哲学境界。教育实践是教育智慧生成的沃土,教育智慧是教育哲学境界升华的必要要素。教育智慧是教师在教育实践中产生的对于教育,对于人及人的成长和人所追求的理想的、本性的、本真的而又是超越的认识的表现,反映着教育和人的理想的、境界的追求。直接反映到师生身上,就是对于教育价值和人生意义的追求。从教育哲学的高度来说,教育的智慧就是师生理想追求和精神情趣的统一,就是师生教学生活与生命精神的互动。为追求这种统一和互动,教师不断地超越自我、挑战自我、实现自我、推动自我进入新的教育境界和人生境界。这就启示我们,关注教师的专业发展,最重要的是关注教师理论与实践、实践与智慧、智慧与品格、品格与修养、修养与境界的不断完善,把教育事业真正作为生命成长、生命完善的事业。不断增进对教育的哲学认识和理解,不断追求生命至真、至善、至美的境界,让生命获得最健康、最和谐、最优势、最充分的成长和发展。

(七)以课程改革实验促进教师的专业发展①

在我校长期的课程改革实验中,我们的目标相当明确:就是要通过课程改革实验全面提高我校的教育教学水平和质量,促进我校全

---

① 许序修.让新课程成为师生生命发展的需要——福建省厦门双十中学课程改革实验总结报告(未刊).

体教师的持续、优势发展。据此,我们要求每一个教师都要务本求实,做到两个"自觉":一是"课程理论的学习自觉",二是"课程实践的探索自觉"。

课程理论的学习自觉 就是要求教师在教育科学发展观的指导下,对课程改革和学科课程实验有足够的和正确的认识,对自身的课改适应能力和课程实验水平有"自知之明",能通过课程理论的自觉学习,明确课程形成的过程、意义和所受其他理论的影响及其发展的方向,清楚课程所应实现的目标、任务和在实施中所应采取的原则、策略、措施和方法,明白自身在课程实施中所应担当的角色和责任等,从而把课程理论学习当作职业的文化需求,能从职业特殊性的角度,根据自己的水平、需要或理想、追求对课程理论进行价值选择和吸纳内化,甚至根据自己的课改和课程实施经验,实现课程理论的价值取向、思想方法等方面的实践转换,建构自身独特的课程理论应用体系。

课程实践的探索自觉 就是要求教师在教育科学实践观的指导下,从课程结构系统和课程价值取向着眼,立足人的学习属性和社会属性的统一,明确课程的基本功能,准确抓住课程的各基本要素之间,以及课程运行过程中不同课程主体所表现的矛盾,积极探索能够促进全体学生主动、高效地学习,使他们在德、智、体、美等四方面都能获得主动发展,成为具有鲜明个性的、有实践能力和创新精神的人的途径和方法,以达到全面提高课改效率和课程实验质量的目的,实现学生的学习观念、学习能力的社会化转化,使学生一踏出校门,就是一个有着强烈人生责任意识,适应社会价值行为规范的,能自主求知、自主实践、自主创新的人。

在此基础上,我们要求教师在切实遵循教育教学的规律,客观反映实验过程中出现的问题和存在的困难,有的放矢地寻找解决问题的方法和途径的过程中,大胆进行教育创新,实现两种"超越":一是"对前人(包括他人)经验的超越",二是"对自身现状的超越"。

对前人(包括他人)经验的超越 就是要求教师要正确处理好经验传承与创新经验的关系。对传统教育思想和他人经验既不能全盘否定,也不能不顾教育变化和教育目标盲目照搬,要注意"现实对走路的要求"和"自己走路的方式特点",有的放矢地吸纳、内化前人(包括他人)的经验,并在课程改革实践中大胆应用、改进和改造,形成切实可行、行之有效的能充分体现自身课改教育教学特色的经验，从而形成教育创新的正确认识方法，实现对前人或他人经验的超越。

对自身现状的超越 就是要求教师在形成教育创新的正确认识和方法之后，能在不断地学习、探索中反思自我、否定自我，在理性追认中、性情修持中不断地完善自我，丰富自我，发展自我，及时地总结自己的教学经验，及时地吸纳他人的先进方法，及时地调整课程实验探索的路向，以此激活教育性灵，培育教育心性，形成教育创新的灵感和教育创新的欲望，以及执著的创新精神，坚持不懈地进行教育创新，实现对自己的教育思想、教育方式的长期的、发展的超越。

在上面两个超越的前提下，着力引领教师实现两方面的"创新"：一是"课程教研价值观的创新"，二是"课程教研实践观的创新"。

课程教研价值观的创新 就是要求教师要从学校教育文化的视角，直面学校教育文化活动中的课程问题，基于学校课程实验实施的条件、对象、内容、效果、意义等"物化""人化"因素的通盘考量，针对学校课程实验实施中存在的"真问题"进行"真研究"，以获得全面实施素质教育、全面推进课程改革，促进学生全面而富有个性的发展，不断提高学校教育文化品位和教育教学质量的科学途径和有效方法，并以其科学的结论和理性的思考丰富课程研究的内容，激活学校持续发展、特色发展的活力。

课程教研实践观的创新 就是要求教师要遵循课程生成和课程实施的规律，直面课程实施的过程性和反思性，直面课程实践范畴的整体、全面研究，在研究时能及时发现和充分思考下列问题：是否优化了人的成长、发展环境；是否优化和整合了课程资源；是否正确处理了必修课程与选修课程、学科课程与活动课程、学科课程与学科课程、研究性学习与综合实践活动课程之间的关系；是否有利于学生自主学习和自主发展；是否有利于学生身心健康、全面和谐而又富有个性成长；是否真正提高了教学效率和教学质量；是否体现了课程实验目的和课程改革的价值取向等等。

同时，要求教师及时学习、应用课程理论研究的新成果，及时吸收，实践新课程实验的先进经验，及时总结、研究新课程实验中的得与失，以此准确把握问题解决的突破口，提高新课程研究的实效性，增强教师实验新课程、探索新课程、研究新课程的自信心和积极性，激发教师在新课程实验中的主动精神和创造精神，形成切实高效的校本教研机制,为我校真正成为新课程实验样本校,产生示范和辐射作用提供强大的实力支撑。

(八)全面落实课改思路,建构特色教师专业发展系统[①]

学校课程改革的发展与学校教师的专业发展是密不可分的,要切实、高效地实施课程改革实验,就是要把落实新课程实施思路与促进教师专业发展联系起来。为此,我校在制定新课程实施思路时,有意建构教师专业发展的系统特色。具体做法是:

坚持一个核心理念:全面贯彻党的教育方针,切实实施素质教育,促进学生的全面发展。

总结二个方面经验:一是九年义务教育阶段新课程改革的经验;二是教育教学质量持续稳定提高的经验。

进行三个方面探索:一是探索切实实施课程改革与切实提高教育质量的契合点;二是探索切实促进教师专业发展与切实促进学生成功的平衡点;三是探索切实促进我国优秀教育经验与西方先进教育理念的融合点;

突出四个关键词语:一是引领——引领教师更新教育观念,改进教学方式,实现学生学习方式的转变;二是解决——要求教师及时发现和解决新课程实施过程中的问题;三是完善——要求教师通过及时解决实验过程中的一个个问题,把握实验规律,不断完善实验;四是创新——要求教师根据课程改革的要求,结合学校条件实际和课程实验的情况,大胆进行实验创新。

体现五大实验环节:

一是教学预设——要求教师在教学预设时要思考下列问题:我要怎样教?学生会怎样学?我为什么要这样教?学生为什么会这样学?"教"与"学"的效果会怎么样?

二是教学实施——要求教师在明确实验目标的前提下,体现科学的教学方式、高效的教学效果、蓬勃的教学风貌,展现新思想、新思路、新方法、新态度、新效果。具体做到营造情景,激发兴趣,明确任务,认识意义;启发思考,倡导合作,激励思维,丰富情感;立足文本,活用知识,恰当拓展,探究创新;体现共性,张扬个性,适当拔尖,全面发展。实现教学生活化、交流对话化、训练问题化、巩固活动化、总结系统化、提高激励化。

三是教学生成——要求教师有良好的心理素质和深厚的理论素养,有敢于超越自己、超越现状的决心和勇气。能够由教学预设、教学实施的目标向教学的生成性目标发展,确保教学的高质量,切实实现实验目标。尤其要求教师要思考下列的问题:我的教学预设在课堂实施的情况怎么样?我是如何根据课堂实施的具体情况调整改变预设促进生成的?我为什么要这样调整?等等。运用情境、对话、探究、反思等生成策略,解决旧的问题,引发新的思考,激发强烈的思维碰撞,产生持续高效学习的强大动力。

四是教学反思——要求教师把反思作为日常的生活方式,进行多元化的反思,反思的内容要涵盖教学思想的反思、教学内容的反思、教学方式的反思、教学环节的反思、教学方法的反思、教学效果的反思等。反思的方式要包括集体反思(包括听课和评课时的反思、课程研讨时的反思、教学总结时的反思、经验交流时的反思等);个人反思(包括写教后记、教学日记、教育叙事、教学案例、教学随笔等)。通过反思,达到解决困惑,总结经验,激发尝试,追求成功的目的。

五是教学交流与总结——要求教师要通过同事之间的交流,进行个人反思、问题讨论、总结得失、研究对策;通过校外之间交流,进行学习经验、互通信息、取长补短、完善提高;通过教学学术交流,进行权威对话、批判研究、形成见解、力占前沿;通过实验经验交流,进行经验整合、分析比较、吸纳内化、突破创新。通过学科总结分析得失,研究问题,制订策略,完善措施;通过年段总结进行学科比较,发现特色,认识差距,优化管理;通过学期总结提炼经验,推出典型,突出问题,激励探索;通过学年总结进行全面评价,明确优势,表彰先进,引导方向。

研究六对学习关系:观察与倾听、合作与互动、交流与共享、尊重与欣赏、探究与发现、实践与创新。

采取七种教学措施:

一是使用教材新思想:要尊重教材,但不迷信教材;要研透教材,但要活化教材;要使用教材,但要超越教材;要教好教材,更要教好学生;二是集体备课新理念:提出个性化问题,进行共性化解决;针对个性化预案,研究共性化实施;围绕重难点内容,探索实效性突破;分析典型性案例,引发教学新思路;三是课堂教学新思维:必要讲授,恰当对话;灵活点拨,相机引申;抓住要害,生发问题;捕捉灵感,诱导发现;张扬个性,激励探究;倡导协作,合力创新;四是学习目标新视点:认识知识的个人价值和社会意义;了解知识、技能形成、发展的过程和规律;形成自主学习、应用知识的习惯和能力;掌握发现、探究、实践、创新的学习方法;树立崇高的情感态度与价值观;五是课外作业新类型:选择性作业、自主性作业、个性化作业、活动性作业、协作性作业;六是批改作业新内容:发现普遍问题,分析典型个案,明确教学得失,改进教学方法;七是课堂教学新评价:学习兴趣的强化、学习方式的完善、学习品质的优化、学习个性的张扬、学习共性的互动、学习效果的提升。

突破八个教研难点:

一是学习的个性化与多元化的关系问题;二是必修课与选修课相互促进的关系问题;三是教材使用与教育资源生成的关系问题;四是课堂教学问题的生成与学生思维能力的发展关系问题;五是三维目标的关系及其在学科教学中的落实问题;六是课程目标与教育方针的关系问题;七是全面提高课堂教学质量与全面发展学生素质的关系问题;八是校本教研与教师专业发展和学生学习成长的关系问题。

在此基础上,强调教师心灵文化世界的构建与课程实施的和谐调适,要求教师:

第一,具有高度的职业敏感、智慧灵觉和责任自觉,能果断地调整自己的教育教学行为心态,自觉地把自身的价值追求与民族、国家的要求联结起来,充分展现自身专业发展和生命意义的深层内涵,鲜明体现教师的职业追求和人生取向。

第二,能及时全面、准确透彻地认识、把握课程改革的实质、内容和目标,迅速、熟练、能动地掌握课程改革实施的要领、方法和步骤,由衷地产生挑战重任的使命感、渴望成功的成就感和发挥聪明才智的自豪感。

第三,在日常的教育教学中落实四方面:一是把职业责任与教育的目标责任高度统一起来。以人的全面发展和立德立人为本,以激发生命活力、激扬生命智慧,为人的一生发展和一生幸福奠基为本,真正把职业责任和教育目标定位在师生的文化自觉、生命自强和适应社会主义现代化发展和人的未来发展上。二是把学科课程内容与社会文化内容有机地整合起来。有宽广的科学知识视野和广博的人文情怀,能把枯燥、抽象的课堂教学变为具体、生动的生活教学、实践教学、创新教学,以致生命教学,使课程改革自然而然地产生调适、创新、智慧、情感的巨大张力,充分体现课改实施的科学要求,人文要求和社会价值要求。三是把教学的反思、生成机制与学习的思维、品质建构密切地结合起来。具有自我剖析、自我反思的勇气,勇敢地抛弃"知识的代言人""真理的代言人""学习的控制者""学习的权威"的角色,与学生融为一体,把教学的生成机制置换成学习的生成机制,以此增强学生对教师教学的普适性和信任度,由此产生强烈的"教""学"自觉和沉潜的"教""学"功力,形成"教""学"互为信任、互为促进的浓烈氛围,师生间、学生间能够进行广泛的、持久的、自主的、协调的、高效的交流和合作,自主发展、自我负责成为一种共同的信念。四是把考试、升学的评价文化与素质养成、生命成长的价值文化巧妙地融合进来。能明确考试与升学是人才选拔和社会分流的需要,素质养成、生命成长是终身发展、人生成功的需要。两者融合,既体现终结性、甄别性评价,又体现发展性、过程性评价,这是当代学校真正的特质文化。在此基础上,能积极地探求两者的最佳契合点,巧妙地将两者整合起来,对课程改革的实施进行较为灵活、较为科学的调适,以致取得较好的效果。

第四,不断促进自身心灵文化品格的形成:一是不懈地学习和实践。要通过继续学习和日常探索,不断深化对课程改革实施的责任认识,有效地减轻在课程实施过程中产生的心理和精神压力,使身心、行为、情感、愿望等方面保持一种动态的平衡。二要形成独特的课程见解和教学个性。要根据条件和实际,有的放矢地学习课程改革的成功经验和成果,客观地评价自身课程实施的质量和成效,自发地剖析自身的专业优势和缺陷,萌生勃勃的反思意识和进取力量,敢于对自己的课改实施行为展开质疑和问难,澄清和辩解,不断形成深刻的课程认识和见解,独特的教学个性和行为。三要有卓越的胆识和气魄。不迷信理论权威和领导权威,坚持实践是检验真理的唯一标准,努力求索课程理念和课程经验在实践中的普适性和有效性,求索课程知识和课程文化在学习中的规律性和和谐性,并大胆地借鉴和运用科学的教育理念和先进的教学经验,进行教育的理论创新和实践创新。四要有永不言败的精神。育人的事业容不得失败。教师要有坚韧不拔的意志,要敢于超越传统,超越经验,超越新旧课程文化间的冲突,尤其是教育理念与教学操作间的冲突,成就一种文化韧性,精神韧性,积极地与课程对话,与同事交流,与学生一起参与、探究和创造,以开放的文化心态和蓬勃的思想精神,应对课程改革实施中碰到的问题和挫折,努力实现课程实施的目标和育人的目标。

通过上述的系统修炼,全面提高教师的职业素养,促进教师专业的全面发展。

(九)以教师发展性评价,促进教师专业发展①

1. 教师发展性评价的指导思想

素质教育的全面推进,课程改革的不断深入,对教师提出了诸多的挑战,如以人为本、自主学习、合作学习、研究性学习、综合实践活动学习,以及新型师生关系的建立、校本课程建设、学校文化建设、教师专业发展等等。在诸多挑战中,教师角色内涵的变化及其引发的教师发展性评价是最引人注目和最具挑战性的。在此种情况下,我们切实根据《基础教育课程改革纲要(试行)》中关于要"改变课程评价过分强调甄别与选拔的功能、发挥评价促进学生发展、教师提高和改进教学实践的功能"的明确要求和教育部《关于积极推进中小学评价与考试制度改革的通知》明确指出的"建立以促进学生发展为目标的评价体系;建立有利于教师职业道德和专业水平提高的评价体系;建立有利于提高学校教育质量的评价体系……"等精神,积极探索通过教师发展性评价,促进教师专业发展的做法。

2. 教师发展性评价的内涵和特征

我们通过探索,提出了教师发展性评价的本质内涵。教师发展性评价就是立足于教师专业生命发展的全程,以充分发挥评价对教师的工作与发展为根本出发点,以师生动态成长和持续发展为参照,以教师的日常学习服务和自我反思、自我完善为途径,以切实提升师生的日常教学生活质量和品位、提高教学效率和效益,促进师生共同

---

① 许序修.福建省厦门双十中学"教师发展性评价与教师专业发展"的理论和实践探索(未刊).

迈向成功和走向可持续发展的评价。由此我们认识到两个方面:第一,就教师发展性评价的功能来说,他直接影响了师生的日常教育教学行为,有效调控师生的教育行为和教学秩序,改进师生的教育教学实践,提高教育教学的科学性和有效性,提高教育教学效率和质量,促进师生的共同成功和学校的持续发展;第二,就教师发展性评价的目的而言,他旨在促进教师日常工作生活质量的提高,完善和优化教师的职业表现,使教师更好地为学生学习、学校发展、社会发展服务,促进教师职业道德建设和专业水平发展,使教师产生职业使命感和崇高感。

从上述两个方面,我们从教师日常的职业要求出发,引导教师明确教师专业发展性的五个动态特征:一是教师在实施学习服务过程中所体现的职业生命内在动力;二是教师在实施学习服务过程中所反映的思想、观念、情感、态度和职业道德取向;三是教师在实施学习服务过程中所体现出来的专业素养;四是教师在实施学习服务过程中所展示的价值表现;五是教师在实施学习服务过程中达成的教育目标和所获得的综合效能对师生生命发展的潜在影响及引发的连续思考和持续完善等。

3. 突出教师在课程改革中的引领作用

课程改革首先是对教师自身的改革,是对教师专业能力的提升。基于这一认识,我校强调教师在课程改革中的专业引领作用,以此促进教师专业能力的不断提升。据此,我们引领教师准确地把握当前课程改革的两大特征:

一是"以人为本"。要求教师一切的教育言行和行为,都要切实为人的生命成长和人的发展服务。明确教师的行为归根结底是要满足学生生命成长和人生发展过程中所需要的知识、技能、方法、态度、情感、价值观念和人生追求的要求。而这种要求,既有共性化的、又有个性化的;既有多元化的、又有综合性的;既有长期的、又有长远的,书本的传授、课堂教学已远远不能满足学生生命成长和人生发展的需要,这就迫切要求教师更多地去研究学生生命成长和人生发展的新特点、新规律、新趋势,有直面社会现实生活和学生成长的勇气,把教育理念、教育思想、教育行为、教育情怀置于广泛的社会发展背景和人的成长的高度去考量,从而做出理性而智慧的行为回应。在这种情况下,我们进一步要求教师必须真正成为教育的主人和创造者,必须是智慧而理性的人,必须有强烈的主体意识、主体能力和社会责任,是自身语言、思想、行为、精神、品格的承担者,能够把学生作为一种自主的、活泼的、情感的、能动的、创造的,正在逐步走向成熟、成长的生命来尊重、来信任,给予他们做人的尊严、学习的信心、进步的追求、成功的满足,以及宽容和激励,全心全意地为学生学习成长和人生发展服务,直接向学生的一生、国家的未来、社会的发展负责。

二是与"自主学习"接轨。要求教师明确"自主学习"是建设全民学习、终身学习的"学习型社会"的基础。"以人为本"的最终目的就是使人具有自主学习、自主发展、全面发展、创新发展、可持续发展的意识和能力,为终身学习奠定坚实的基础。从这一点着眼,要求教师本身首先应该是一个自主学习者,能够根据自己的职业需要和专业发展需求自主地、坚持不懈地进行专业学习,不断地提高专业水平,形成良好的学习品质。以此影响学生,养成学生良好的学习习惯、培养全面的学习素养、沉潜的学习品质、不懈的学习精神及由此形成的牢固的学习观念、严谨的学习作风、求是的学习态度、高远的学习追求等。切实把"自主发现学习,发展学习能力"作为教师教学的价值核心,充分发挥教师对学生终身影响和终身引领的潜在作用,使学生学会学习、学会实践、学会创新、学会发展的"学习"品质。

4. 制定科学的教师发展性评价内容

在探索实践中我们发现,无论是教师发展性评价,或者是教师的专业发展,都要突出教师的职业特性,把它当作教师的日常生活方式,充分体现教师的日常修炼、日常服务、日常提升和日常追求之中,揭示教师发展性的真正内涵:教师的日常表现和日常追求,对教师真正的成长和发展更具决定性的效果意义。为此,我们通过形成性评价、过程性评价、发展性评价来促进教师的专业发展。

形成性评价 我们采取的方法策略是常规性评价。这种评价以教师的"职业内在动力机制"和教师承担的"学习服务的思想意识"为参照,这是教师形成良好的职业道德操守和崇高的师德,以至产生教育信仰和理想追求,促进专业成长,提高"学习服务"水平和质量的根本性前提。在"职业内在动力机制"方面,主要内容有:能坚定教育理想,立志献身党的教育事业的信念;有良好的道德示范作用和崇高的职业使命感;能把自身的专业发展与学生的生命成长融合在一起;能增强教育理论修养,丰富教育实践内容,不断完善理论和实践行为,提高工作的适应性范围和程度;有当一个"学习专家"的愿望,形成健康、能动的学习、研究、实践、创新的日常生活方式,不断提高专业素养和"学习服务"的能力;有当一个"教育家"的愿望,能不断地反思自己、完善自己和超越自己;有提升职业社会贡献力的人生价值取向等。在"学习服务的思想意识"方面,内容主要有:能把人的成长作为其他一切发展的基点,尊重人的权利和尊严,给予人充分的自主性、选择性和创造性;能遵循学生的成长规律,为学生的身心健康和人生幸福奠定基础;能躬身垂范,努力塑造学生崇高的精神、人格特质;能着眼学生的全面发展,保持学生良好的天性和个性;能尽一切可能为学生的成长提供切实有效的支持性服务;能真正成为学生学习的指导者、合作者和服务者等。由于上述内容着重体现在教师日常的思想、行为风范之中,故我们采用常规性评价。

过程性评价 我们采取的方法策略是常态性评价。这种评价以教师在"学习服务"过程中的常态表现为参照,这是教师在"职业内在动力机制"和"学习服务思想意识"的驱使下,呈现出来的促使学生掌握学习策略、思维方法,形成学习习惯、学习能力和学习品格,实现有效学习和知识、能力转化的观念和行为,这是教育技巧、教育理性和教育智慧的最集中表现。主要内容有:能帮助学生确立有效的学习目标和学业成功的要求;能充分发挥专业角色的作用,尽量满足学生的学习需求和成长愿望;能悉心观察学生如何学习,并能引导他们进行更有效、更高质量的学习;能针对每个学生的个性化要求,帮助不同层次的学生确立和不断实现追求的目标;能帮助学生树立科学的学习态度,掌握先进的思维方法;能拓宽学生的知识、思维、能力视野,拓展学生发挥才干、展示自我的空间;能为学生打下坚实的人文科学知识基础,形成积极向上的人生志趣;能以灵活、先进的教学方式影响学生的学习方式的改进和学习效率的提升;能指导学生利用现代信息渠道开展个性化学习,有的放矢培养学生的现代媒介素养;能重视培养学生发现问题、有决心探究和解决问题、有效解决问题的意识;能容忍学生的学习与表现、认识与实践等方面的反复,并能及时有效地引导学生不断进步和完善自己;能从学生的困惑和失败中及时发现教学行为的不当,并有效改进行为策略和方式;能与学生平等对话,有效引导学生参与课堂学习活动;能引导学生独立思考,培养学生的实践能力和创新精神;能从生命发展的高度,引导学生积极参与有益的社会生活活动实践,了解和认识社会生活及其发展情况;能为学生提供能力转化的机会,切实提高学生适应社会发展的能力;能引导学生逐步形成专业志向,产生专业志向追求;能增强学生的竞争意识,培养学生的高判断性和高选择性能力;能培养学生的世界眼光和全球意识,既有求是的精神,又有过人的胆识;能适时为学生提供自我评价和同伴评价的机会,引导学生客观、辨证地认识自我和他人等。由于上述内容是教师在"学习服务"过程中常态的观念和行为表现,故我们采用常态化评价。

发展性评价　我们采取的方法策略是常模性评价。这种评价是以教师教研素养和教研能力表现为参照,这种素养和能力在某种意义上来说,充分体现教师素质的潜力和专业发展的后劲,是教师准确把握教育发展变化和人的培养规律,提高育人质量和效率的能力源所在。主要内容有:对课程改革和教育发展的研究;对国内外教育的比较研究;对教育目标和课程标准的研究;对教育规律和人才培养规律的研究;对各级各类教材的整合比较研究;对课程生成和教法创新的研究;对课程资源的合理挖掘和恰当使用的研究;对学生的现状和未来的研究;对教学方式与学习方式的研究;对学科知识与人文科学素养的研究;对学生学科素养与社会能力的研究;对共性要求和个性需求的研究;对教学叙事和教学个案的研究;对学科学习指导过程和学科学习效果的研究;对学科课程与综合性实践活动课程的研究;对学生实践能力与创新精神的研究;对学生互动与师生互动的研究;对师生精神和学校文化的研究等。由于这些内容是教师常模研究的范畴,故我们采用常模性评价。

上述评价,一方面大力地推进了学校课改实验,另一方面又体现了教师的专业特性和满足了教师的专业发展需要,取得了很好的效果。

第四章

校本教师专业发展
的构想及思考

通过实施课程改革促进教师专业发展的探索,我们对校本教师专业发展还有很多相对独特的构想和思索。虽然并不太成熟和完善,最后提出来也希望跟大家一起进行探讨,以激励我们能够在未来的校本教师培训中走得更远。

一、校本教师专业发展的构想

在上一章校本教师专业发展的策略之外,我们觉得校本教师专业发展还不得不额外补充一点,即从教师角度来说,教师的专业学习应成为一种教育品格。而且,课程改革的深化,使教师专业呈现职业的专业化趋势,也要求教师的专业化学习应成为一种教育品格。从教师职业的专业化特征考量,我们认为教师教育品格的内涵起码应该涵盖四个方面。

(一)对教育的热爱

对教育的热爱,即把教育视为天职,视为普天下最幸福的事业。

把自身的发展与人才培育融合起来,在教育人的事业中获得自身职业本质意义上的提升。为追求这种提升,能密切关注科学文化的发展走向,能如饥似渴地吸取新观念、新思想、新技术、新知识的营养,充实自己的大脑,丰富自己的思想,活跃自己的思维,让自己的视野变得开阔、变得敏锐,让自己的思想变得深刻、变得宏富,在学习的尽情享受中去享受育人的乐趣,去享受教育的神圣,以此养成终身学习为教育的良好品格。

(二)对课改的敏感

教育是社会发展的一种创新活动,这种创新活动随着社会的发展和人才的需求而进行,而深化。因而,教育是变革的教育,是不断创新的教育。教师的教学观念和教学行为不但要适应教育变革和教育创新的要求,而且要敏锐、准确把握经验生成与课程改革的契合点、融合点。这就需要教师有对课程改革的敏感。能时刻关注教育改革和课程改革的动向,准确把握课程改革的脉搏,把学科教育学习与人才培养学习结合起来,从而不断深化教育改革、教育规律、教育原则和人才成长规律的认识,不断更新教育理念和教育思维,不断改进教育行为和教育方法,使自己的思想和行为能跟上教育变革和教育创新的步伐,能把自己的教学课堂变成思维与思想澎湃的大海,永远回旋智慧与性灵的活水,以自己的创新意识去增强学生的创造意识,以自己的创新精神去激发学生的创新精神,以自己的创新素养去培养学生的创新素养。这样,教师的专业学习就能转化为一种创造力量。

(三)对学生的真诚

教师的专业学习与发展是为了什么?是为了教育,为了学生,为了民族、国家的未来。教师日常的教育对象是学生,教师学习的情感特征和行为指向首先应该是对学生的真诚。据此,教师的专业和发展不是仅仅提高自己的教育教学水平,更重要的是为学生寻找一个能够属于他们性灵自由发挥,情感尽情挥洒,潜能充分展现的舞台世界,能使学生在接受知识,接受技能,接受方法的同时感受到内心的满足和人生的快乐,领略到知识、技能、方法所蕴含的情感力量、思维张力和人格魅力。从这一意义上来说,教师的专业学习与发展不仅仅是对专业知识素养、技能水平的提升，更重要的是对师德修养和崇高人格的锤炼。说得通俗些，就是锤炼对教育的忠诚，对学生的真诚。

（四）对创新的执著

教无定法，揭示了教育创新的可能和无限空间。课程改革不是对传统教育思想和教育经验的全盘否定，而是对传统优秀教育思想和教育经验的弘扬和传承。这就要求教师的专业学习要有宽广长远的历史视野，要深刻体认民族悠远的文化源流，从民族教育创新的经验宝库中去获得教育创新的酵母。如果没能做到这一点，就会像《庄子·秋水》中所说的，燕国人欣赏赵国人走路的高昂阔步，特地从孝陵到赵国的都城邯郸学步，结果赵国人的走路方式没有学成，又把自己的走路方式给忘了，最后只好匍匐爬回去了。这就启示我们广大的教师，专业学习不能忽视民族教育经典、经验和优秀教育传统的学习，应该在立足民族教育文化经验的基础上去吸纳和融合外来教育思想和经验，进而内化成自己的东西，形成教育创新的正确认识和方法。

有了教育创新的正确认识和方法，还需要有坚韧不拔的教育创新精神。教育创新关键在于对自己教育思想和教育方式的超越，这种超越是长期的、发展的。教师没有长期的、发展的超越意识，是不可能产生对教育创新的执著精神的。教师只有在不断的学习、探索中反思自我，否定自我；在理性追认、性情修持中不断地完善自我，丰富自我，发展自我；并及时地总结自己的教学经验，及时地吸纳他人的先进方法，及时地调整课改的探索思路，才能激活教育性灵，培育教育心性，形成教育创新的灵感和教育创新的欲望，以及执著的创新精神。

总之，教师要时刻不忘党和人民的重托，时刻不忘社会发展和人才教育的要求，要把自己的专业学习和发展与为民族、为国家培养优秀人才、合格人才的重大责任联系起来，自觉加强思想道德修养，孜孜不倦地钻研业务，不断提高教书育人的水平，率先垂范，为人师表，真正成为学生健康成长的引路人，真正成为学生学习、做人的楷模，以此成就教育品格，做人民满意的好教师。

二、校本教师专业发展的思考

从教师专业学习、专业成长和专业发展的探索过程中,我们认识到要使教师的专业发展达到应有的目的,发挥应有的作用,下面三个问题是务必考虑的。

(一)基础教育的质量问题

基础教育的着力点是为培养数以亿计的高素质劳动者、合格公民和培养高科技人才、创新人才打好坚实的基础,质量问题便成为关系民族未来发展大计的大问题,也成为国家发展基础教育的重要目标。基础教育课程是基础教育质量的重要保证,对基础教育课程的改革建设已经成为国家基础教育发展的重要方面。

我国幅员辽阔、人口众多,提高基础教育的整体质量除了不断要缩小地方间的教育差距,不断实现教育均衡外,关键还要在课程改革上有新的突破。新世纪以来,九年义务教育课改和高中新课程改革在各方面已作了积极的努力,但从目前看,课改的实效性还不是很明显。主要表现在:片面追求升学率的现象还没有扭转,学生过重的学业负担还没有减轻,培养学生的创新精神和实践能力还是一句空话,学生的综合素质还没有得到全面的培养等。一句话,素质教育还没能得到切实实施,课改的初衷和基本目标还没实现。症结在哪里?症结在教育管理部门和广大的教师。教育管理部门实施课改的决心不大,督导不力;广大教师对课改的实施与考试评价改革的关系存在困惑,存在严重的观望心态,以致课程实施与课改目标的实现存在巨大的落差。在此情况下,加强教育工作者和教师的专业学习万分必要。

围绕课程改革和基础教育的质量问题,广大教育工作者和教师的专业学习要明确三方面:一是课改的目标是什么? 提高课改效率和教育质量的基本点、契合点、融合点在哪里? 二是新课程有何特点,新课程的实施对教育管理者、教师有何要求? 三是当普适而宏观的课标文本和课程文本落到教师手中时,教师如何突破传统的教学思维定式,根据新课改、新课程的理念,根据新课标和新教材的目标要求,准确把握学科课程教学与课程全局的关系,对课程目标和教材要求作全面的分析,实现文本课程与行为课程的统一。就是说,教师的专业学习和发展指向应该是很明确的,就是直接为实现课改目标和提高基础教育的质量服务。

(二)满足学生终身发展的个性化需要问题

市场经济和网络时代的发展,形成竞争激烈、信息瞬变的社会环境,终身学习的学习化社会成为必然,知识型、智力型、创新型工作成为新的择业趋势。基础教育质量的标志已不是分数、升学率,而是人的知识素养、实践素养和创新素养及其所反映出来的知识应用、问题判断解决能力以及创造性开拓工作,自主、高效完成任务的积极态度。据此,基础教育质量的核心应该突出"满足学生终身发展的个性化需要"问题,使各种不同层次、不同个性差异的学生,经过基础教育阶段的学习,都能取得显著进步,都能获得在今后的人生发展进程中大展宏图所需要的良好习惯、积极态度、学识修养和胆识才干。浅显地说,基础教育更重要的是在共性要求(国家课程统一要求的基础上)的前提下,尽可能地为不同层次、不同个性差异的学生提供不同的、多元的教育服务,促使学生良好个性、特长的发展,使学生获得均衡、完整且富有个性发展的教育。

在这样的要求下,教师的专业学习和发展已不能极限于学科知识的深化学习与业务水平的纯粹提高上,更为重要的是要深刻认识基础教育的重大使命和课程改革的根本实质;深刻认识基础教育对于人的一生的学习、发展的重大影响;深刻认识提高基础教育质量、满足学生终身发展的个性化需要和教育多元发展所必须采取的教育理念、教学策略和实施规程;深刻认识课程文本的把握和行为实施的层次:如何科学调整课程文本(学科文本)的结构性内容,使之更适合于学生的学习;如何将知识的学习、应用与技能、方法的掌握结合,以促进学生学习品质的形成和学习能力的多元发展;如何将学习方法、学习习惯和科学态度、创新精神和实践能力的培养结合起来,成为学生终身发展的社会化能力;如何将课堂学习、课外实践与探究性学习、综合性实践活动和团队协作精神统整起来,形成"学习—合作—

实践－创新"的个性素养建构,切实培养学生良好的学习品质、心理品质和合作技能、创新的沉潜功力等等,应成为教师专业学习中应着重正视和解决的问题。

概言之,教师的专业学习不是以专业为本,而是以质为本,即以顺应教育发展的要求,以提高基础教育的质量为本,以满足学生终身发展的个性化需求为本。教师要通过专业学习,增强课改意识、课程意识、育人意识、质量意识,明确自身在课改中的角色地位,明确课改实施中所要完成的目标任务,克服课改中的一切困惑和迷茫,切实进入课改的新天地。

(三)家庭、社会和学校的合作问题

教育的发展,课改的要求,使密切家庭、社会和学校的联系,变为家庭、社会和学校的合作。因为,现代教育已成为家庭、社会高度关注的教育,教育公平已经成为家庭、社会、学校追求的共同目标。实现教育公平,办好让人民、让社会满意的教育,单纯靠学校的力量是难以实现的,它需要家庭、社会和学校的合作。在这种情况下,教师角色和教师工作更具社会化色彩,即面对的不仅是学生,还有家长,更有社会各阶层的人员,所应对的是家庭教育资源、社会教育资源和学校教育资源的综合利用,所沟通的是家庭、社会和学校的多元联系和多元合作等等。为此,教师的专业学习和发展,应该关注的是教育生态环境或教育生态系统建构的大问题。它要求教师通过专业学习:

第一,要不断确立全面协调、统筹兼顾的系统观念,能灵活、有效应对家庭、社会和学校的要求,挖掘上述三方面的教育资源,充分发挥上述三方面的力量,高效开展教育、教学活动。

第二,要有大教育的眼光和视野,把教育、教学活动置于社会环境的大生态(社会的经济发展形势、政治修明状况以及文化的传播、社会文化发展状况等)之中,使教育、教学活动跳动时代的脉搏,涌动生活的潜流,澎湃科技、人文的活力,产生实践、创新的智慧。

第三,要准确把握家庭、社会和学校的现实差距和多样化特征,及时洞察这些差距和特征所产生的不同的教育期望和不同的教育诉求,及由此产生的教改新矛盾、课程新问题。例如:实施素质教育与提高升学率(教学质量)的矛盾,减轻学生课业负担与全面发展学生

素质的矛盾,教育的共性要求与个性充分发展的矛盾,必修课与选修课的矛盾,以及享受优质教育资源与实现教育公平的矛盾,教育均衡发展与学校特色发展的矛盾等等。还有高中新课程选修课的选择,研究性学习和综合性实践活动课程的开设,学生综合素质评价的实施问题等,都有可能改变家长、社会对于教育的价值取向,都有可能引发学生对学科学习与未来人生发展定位的基本态度和基本行为的变化。毫无疑问,教师的教育教学经验和教育教学行为在这种改变和变化中,都将经受新的考验和检验,都将遭到前所未有的挑战。这就决定了教师的专业学习绝对不能回避这些改变和变化,而应该及时洞察和深入研究不断涌现的新矛盾和新问题,寻找解决这些新矛盾、新问题的科学对策和有效措施。

第四,当今的教师既要有直面课堂和学生的勇气,更要有直面家长、社会各阶层人员的勇气,要善于同家庭、社会阶层沟通和合作,寻找更为广阔的教育、教学的社会空间和实践空间,争取各方面的支持,为学生的成长、学校的发展寻找更为科学、更为自由、更有活力、更有效率的支持性条件。从这一角度来说,教师的专业学习和发展,要有意识地从学校教育、教学的组织者、实施者向社会教育的参与者、合作者方面转变,使自己逐渐成为适应教育多元合作、多元发展的社会实践者和创造者。

访谈提纲

新课程改革背景下教师专业发展现状访谈提纲

访谈时间：2008 年 5 月

访谈地点：福建省厦门双十中学

访谈对象：厦门双十中学部分高中教师

访谈要求：(1)言简意赅；(2)用词恰当。

访谈目的：(1)了解该中学教师对新课程改革的理解、领会、实践情况；(2)了解该中学的教师专业发展状况。

访谈问题：

一、教师自己的基本情况

简单介绍一下自己的情况：包括任教科目、任教年级、教龄、对本职工作的整体感觉等。

二、关于新课程改革

1.什么是新课改？您和身边的教师了解新课改的背景、目标、理念和任务吗？

2.为了保证新课改六个具体目标的实现，您觉得高中教师必须具备怎样的教育观念(学生观、发展观、知识观和课程观等)？

3.您觉得你们学校在课程改革方面的工作开展情况如何？有哪些相应的培训和宣传活动？效果怎样？

4.新课标要求下的课堂教学与您自己现在的课堂教学相比较，您认为自己还需要改进的地方有哪些？

5.谈谈新课改所带来的喜悦、存在的困惑以及相关建议。

6.新课改给您的教育教学工作带来了哪些变化？您是否适应新课改带来的变化？您准备怎样更好地适应新课改？

7.您认为要切实推进课程改革应采取哪些主要措施？

8.您对新课程的教学质量如何评价？如果认为质量不高，请分析一下主要原因？

9.您对当前教师工作状态如何评价？如果认为状态不佳，积极性不高，请分析一下原因？

10.您觉得在新课改背景下应该建立怎样的教师评价体系和学生评价体系（包括评价的目的、功能、内容和方法等）？

11.就整个课改而言，您认为主要的困难和障碍是什么？

三、关于教师专业发展

1.什么是教师专业发展？您和身边的老师知道教师专业发展包括哪些方面的内容吗？

2.您认为在"高中新课程改革背景下的教师专业学习与发展"这一课题中最应该关注哪些问题？

3.在教师专业发展方面，您和身边的老师进行过怎样的努力？成效如何？

4.您认为高中教师应该具备怎样的专业信念？如何建立自己的专业信念体系？

5.您认为高中教师应该具备什么程度的专业知识？如何建立比较合理科学的知识结构体系？

6.您认为在新课改背景下，高中教师应该具备哪些专业能力？如何提高自己的课程能力、科研能力、反思能力？

7.您认为高中教师应该怎样培养自己的专业自觉？

8.您认为高中教师应如何实现自己的专业自主？

9.您认为目前的教师专业发展存在哪些问题？

10.您认为有哪些途径可以更好地促进教师专业学习与发展？

11.为了适应新课改的要求,您觉得现在的高中教师在教育教学过程中应该扮演什么样的角色?

12.您觉得在新课改背景下高中教师应该具备什么样的教育理念?

13.您觉得成功的课堂教学应该是什么样子的? 在新课改背景下高中教师应该怎样进行有效的课堂教学?

14.您做过职业生涯规划吗? 您觉得职业生涯规划是否有利于您自身的教师专业学习与发展?

15.您觉得应该怎样进行知识管理? 如何提高自己的知识管理能力?

16.您对自己从事的教师这一职业感觉如何? 根据您的了解,您觉得现在的教师整体上对自己所从事的教育教学工作感觉如何?

17.您和身边的老师做过时间管理吗? 效果如何?

18.您觉得现在学校和有关教育部门对高中教师的评价模式或标准是否合理?

19.您觉得身边的教师科研能力如何? 他们都在进行哪些方面的教育教学研究? 成效如何?

20.您觉得什么样的老师最受学生欢迎?

21.您觉得您所在学校的教师待遇如何? 人际关系怎样?

22.您觉得学校在对教师进行管理时有存在不合理之处吗? 都有哪些?

23.您觉得您所任教的班级的学生他们的生活、学习、思想状况怎样?

附录二

调查问卷

新课程改革背景下教师专业发展现状调查问卷

调查单位:北京师范大学 时间:2008 年 5 月 地点:福建省厦门双十中学

说明:

1.教师是办好学校的关键因素,师资队伍建设是学校工作永恒的主题。教师专业化已成为教师改革和发展的必然走向,为了了解教师专业发展的现状及影响因素,更好地进行课题研究,以便为教师的专业成长提供必要的帮助,希望您如实填写本问卷。

2.我们的问卷采取匿名制,个人信息绝对保密。您的意见将成为我们研究新课改背景下教师专业发展问题的重要依据。衷心感谢您的参与和配合。

一、您的基本情况

1.您的性别是(　　　)

A.男　　　　　　　　　　B.女

2.您任教的学科是(　　　)

A.语文　　　　　　　　　B.数学

C.英语　　　　　　　　　D.物理

E. 化学　　　　　　　　　　　F. 生物

G. 政治　　　　　　　　　　　H. 历史

I. 地理　　　　　　　　　　　J. 信息

K. 劳技　　　　　　　　　　　L. 体育

M. 音乐　　　　　　　　　　　N. 美术

O. 研究性学习

3. 您任教的年级是(　　　)

　　A. 高一　　　　　　　　　　B. 高二

　　C. 高三

4. 您的教龄是(　　　)

　　A. 5 年以下　　　　　　　　B. 5～10 年

　　C. 11～20 年　　　　　　　 D. 20 年以上

　　E. 30 年以上

5. 您任教班级数是(　　　)

　　A. 1 个　　　　　　　　　　B. 2 个

　　C. 3 个　　　　　　　　　　D. 3 个以上

6. 您觉得您的教学工作量(　　　)

　　A. 很大,我工作很吃力

　　B. 不少,但是我喜欢我的教学工作

　　C. 不是很大　　　　　　　　D. 很少,工作很轻松

7. 您的最高学历是(　　　)

　　A. 大专　　　　　　　　　　B. 本科

　　C. 硕士及以上

8. 您的职称是(　　　)

　　A. 高级　　　　　　　　　　B. 中学一级

　　C. 中学二级　　　　　　　　D. 未定级

9. 您获得的称号是(　　　)

　　A. 无　　　　　　　　　　　B. 全国级、省级名师

　　C. 市学科带头人　　　　　　D. 县(市属)学科带头

　　E. 省教坛新秀　　　　　　　F. 市教坛新秀

　　G. 县(市属)教坛新秀

10. 您是否担任班主任(　　　)

　　A. 是　　　　　　　　　　　B. 否

11. 您任教几门学科（　　）

  A. 1 门   B. 2 门

  C. 3 门及以上

12. 您任教的主要学科所在的班级人数（　　）

  A. 30 人以下   B. 31 人～40 人

  C. 41 人～48 人   D. 48 人以上

13. 您认为学校的工作气氛（　　）

  A. 很浓厚   B. 一般

  C. 比较差

14. 您在教学中使用多媒体电脑吗？（　　）

  A. 没有   B. 上公开课时才用

  C. 平时教学经常用

15. 您对教师这一职业的态度是（　　）

  A. 热爱、愿意终身从事   B. 比较喜欢、愿意努力

  C. 有机会可以重新选择

16. 您目前最迫切的任务是（　　）

  A. 政治进步   B. 业务发展

  C. 待遇提高

二、您对新课程改革的认识情况

17. 您认为主导中国新课程改革的理论是（　　）

  A. 国外的教育教学理论   B. 国内的教育教学理论

  C. 二者均有   D. 无法回答

18. 您的感觉中，当前新课程改革的指导理论是（　　）

  A. 西方的建构主义、后现代主义、实用主义、"生活教育"理论等

  B. 马克思主义关于人的全面发展观

  C. 中国的理论   D. 不清楚

19. 您认为国外的教育教学理论和我国的教育教学理论相比哪个对您的影响大？（　　）

  A. 国外   B. 我国

  C. 两者   D. 不清楚

20. 您认为当前阻碍课程改革的最主要因素是什么？（　　）

  A. 教师素质   B. 学校办学条件

C.社会的教育评价观　　　　　　D. 教育投入

E. 校长执行力

21.您认为当前推进课程改革难度最大是哪方面？（　　　）

A. 课程功能　　　　　　　　　B. 课程实施

C. 课程管理　　　　　　　　　D. 课程评价

22.您认为学校教师的业务能力是否适应课程改革（　　　）

A. 完全适应　　　　　　　　　B. 基本适应

C. 有一定距离　　　　　　　　D. 不能适应

23.您校教师对于新教材的适应程度（　　　）

A. 很适应　　　　　　　　　　B. 基本适应

C. 基本不适应　　　　　　　　D. 很不适应

24.您认为新教材是否体现了课程标准的理念（　　　）

A. 完全体现　　　　　　　　　B. 基本体现

C. 体现较差　　　　　　　　　D. 不知道

25.您校教师在教学中是如何利用教材的（　　　）

A. 完全按教材组织教学　　　　B. 基本按教材组织教学

C. 根据实际情况作适当调整　　D. 按自己的想法组织教学

26.您认为学校对教师教学工作应该如何评价（　　　）

A. 主要看考试成绩　　　　　　B. 重点看日常工作表现

C. 通过教师自评、领导评价、学生评价、家长评价等多种渠道
进行评价

D. 很少评价

27.您校评价学生的主要依据是（　　　）

A. 考试与测验成绩　　　　　　B. 学生平时表现

C. 考试成绩为主,参考平时表现

D. 平时表现为主,参考考试成绩

E. 其他

28.您对本校开展课程改革的总体评价是（　　　）

A. 好　　　　　　　　　　　　B. 比较好

C. 一般　　　　　　　　　　　D. 差

29.据您了解的情况,家长对课改的态度是（　　　）

A. 非常支持　　　　　　　　　B. 基本支持

C. 基本不支持　　　　　　　　D. 不支持

30. 据您了解的情况,学生对课改的态度是(　　　)

A. 非常配合 　　　　　　　　B. 基本配合

C. 基本不配合 　　　　　　　D. 不配合

三、您对教师专业化的认识情况

31. 您所理解的教师专业发展过程为(　　　)(可多选)

A. 教学专业课程的成熟过程

B. 对教师角色的自觉适应过程

C. 对学校管理的适应过程

32. 您认为下列影响教师专业发展的因素最重要的为(　　　)

A. 所在学校的管理制度

B. 所在学校的大环境氛围

C. 所在学校的学科教学技能积淀

33. 您认为教师专业发展主要靠(　　　)

A. 校本培训 　　　　　　　　B. 自觉学习

C. 文化氛围

34. 您认为现行学校管理制度对教师专业发展影响为(　　　)

A. 严,不适应 　　　　　　　B. 过宽,无目标

C. 随便,关键在教师自己

35. 您觉得身边的优秀教师(　　　)

A. 他(她)很优秀,他(她)影响着周围的人

B. 他(她)很优秀,但我没受他(她)影响

C. 他(她)很优秀,周围的人也没受他(她)的影响

36. 您目前采用的教学模式是(　　　)

A. 自己摸索,创造出来的

B. 向有经验的同事或业务书籍学习得来

C. 无模式,教参书上怎么讲,我就怎么上

37. 您认为学生最佩服老师的地方是(　　　)

A. 功底深厚,学识渊博 　　　B. 管理适度,要求适度

C. 听之任之,做好好先生

38. 您在教学中所用的专业知识面拓展途径靠(　　　)

A. 经常学习相关的专业知识

B. 听同事们闲谈时记住

C. 吃老本,以前学习过

39. 目前,您觉得本校对教师专业发展影响最缺失的是(　　　)

　　A. 管理制度不合理　　　　　　　B. 文化氛围不够浓

　　C. 我不知道

40. 您对新课程的了解是通过(　　　)

　　A. 听说过,没看过　　　　　　　B. 在网上看过

　　C. 在学校借过或从书店买书来看过

41. 您对新课程背景下教师角色的执行情况为(　　　)

　　A. 知道,且正在转变角色　　　　B. 理解,已经自觉转变角色

　　C. 不管,反正只管上课

42. 促进教师专业成长的最有利的形式是(　　　)

　　A. 教师间的及时交流　　　　　　B. 外出培训

　　C. 专家指导　　　　　　　　　　D. 专题研讨

　　E. 自我反思

43. 促进教师专业成长的最有利的交流形式是(　　　)

　　A. 教师间非正规的交流　　　　　B. 有组织的教师交流

　　C. 教师和专家交流　　　　　　　D. 其他

44. 如果您在教育教学中遇到问题,您一般会(　　　)

　　A. 与同事讨论　　　　　　　　　B. 通过网络寻求解决方法

　　C. 查阅书籍报刊

　　D. 自己摸索,如果解决不了就顺其自然

　　E. 立刻思考解决的办法并记录下来

45. 您认为什么最能体现教师专业发展的进步与成功(　　　)

　　A. 职务职称的提升　　　　　　　B. 取得更高的学历

　　C. 学生获得良好发展　　　　　　D. 个人修养的完善

　　E. 业务水平的提高　　　　　　　F. 经济收入提高

　　G. 受到社会的更多尊重

46. 您自己是否思考过自己作为教师的专业发展(　　　)

　　A. 经常思考,有自己的发展规划

　　B. 考虑过,但不知怎样着手

　　C. 听从管理部门的安排

　　D. 从未思考

47. 您对自己目前的发展状况的评价是(　　　)

A. 满意   B. 基本满意

C. 一般   D. 不太满意

E. 很不满意

48. 您认为促进教师专业发展的主要动力是（   ）

A. 更新知识,提高素质   B. 使学生获得更好的发展

C. 追求职务职称的提升   D. 追求更高的收入

E. 适应教育改革的新要求   F. 更好实现人生价值

49. 您认为目前自己最需要发展的方面是（   ）

A. 多媒体等教育技术   B. 课堂教学技能

C. 科学文化及人文方面的素养   D. 现代教育理念

E. 教育科研、论文写作方面   F. 职业道德和职业理想

G. 班级管理

50. 您比较喜欢的教师专业发展途径是（   ）

A. 脱产进修获得更高学历   B. 以函授的方式学习

C. 自学、个人钻研   D. 同事之间的相互交流帮助

E. 外出考察,参观学习   F. 专家座谈讲座

51. 现在新课程改革和教学改革,您认为大多数教师是否参加
（   ）

A. 积极参与   B. 拿不准,等等看

C. 没有机会,无法参与

D. 反对,认为是在给教师增加负担

E. 没有兴趣,教师只要做好自己的本职工作即可

52. 平均算下来,您大概每天能用来自己看些教育类书籍期刊的
时间是（   ）

A. 不到半小时   B. 半小时～一小时

C. 一小时以上   D. 几乎没有时间

53. 您认为下列制约中学教师专业发展的因素中最主要的是
（   ）

A. 工作压力大,无暇顾及   B. 受中考、高考制度的束缚

C. 管理部门还缺乏相应的政策支持

D. 社会对教师职业还不是很重视

E. 教师个人原因,缺乏动机

F. 与实际课堂教学缺乏联系

54.您在平常的业务学习的资料来源主要是( )

　　A.自己搜集(购买、订阅杂志、网上下载)

　　B.同伴推荐、学校图书馆借阅

　　C.学校下发　　　　　　　　D.没有什么资料

55.您主动安排业务学习的时间一般是( )

　　A.每天能保证一两个小时以上

　　B.基本每三天能保证三四个小时以上的学习时间

　　C.基本每星期能保证一个单位的时间进行学习

　　D.极少有主动的业务学习时间安排

56.您是否认为教科研方法太复杂,搞教学科研就增加了工作负担?( )

　　A.是很大负担　　　　　　　　B.有些压力

　　C.无负担

57.有人说"搞教科研很好,但是太耽误教学"您是否同意?( )

　　A.同意　　　　　　　　　　　B.不太同意

　　C.反对

58.教科研与教师本职工作相矛盾吗?( )

　　A.是　　　　　　　　　　　　B.有些矛盾

　　C.无

59.您对搞教科研活动有兴趣或有欲望吗?( )

　　A.非常强烈　　　　　　　　　B.有一些

　　C.无所谓

60.您对教科研活动感兴趣的最大驱动力是( )

　　A.习惯化的追求　　　　　　　B.职称评定的需要

　　C.攀比和面子的需要

61.在搞教科研的过程中,缺乏专家引领,往往感觉无从下手,您有这种感觉吗?( )

　　A.深有同感　　　　　　　　　B.有一些

　　C.没有

62.教学与科研一体化,本质上就是用科研的思路研究教学( )

　　A.很有道理　　　　　　　　　B.有一定道理

C. 不是

63. 您从事的教科研（   ）

　　A. 结合工作进行有效研究　　　　　B. 为评职称参与研究

　　C. 研究有困难

64. 教学反思是否有助于您工作的展开（   ）

　　A. 是　　　　　　　　　　　　　B. 不是

　　C. 偶尔

65. 您认为写论文是（   ）

　　A. 提高教育教学水平的有效途径

　　B. 对日常的教育教学作用不大

　　C. 形式主义,除了评职称就没用

66. 到目前为止,您发表过论文或有获奖论文吗?（   ）

　　A. 很多(五篇以上)　　　　　　　B. 有一些(五篇以下)

　　C. 没有

67. 您的学校是否要求教师制定个人专业发展的规划（   ）

　　A. 有　　　　　　　　　　　　　B. 没有

68. 如果学校没有要求,您是否为自己制定过专业发展规划

（   ）

　　A. 有　　　　　　　　　　　　　B. 没有

69. 您觉得学校领导是否重视教师的专业发展?（   ）

　　A. 很重视　　　　　　　　　　　B. 一般

　　C. 不重视

70. 您的教师专业发展目标是（   ）

　　A. 能胜任教学就可以　　　　　　B. 成为校级学科带头人

　　C. 成为更高一级的带头人或名师

问卷到此结束,再次感谢您的参与!

参考文献

著作类：

1. ［英］L Stenhouse. An Introduction to Curriculum Research and Development. london［M］：Heinemann Educational Books Ltd

2. ［美］RobertLLin&NormanE. Ground. 国家基础教育课程改革"促进教师发展和学生成长的评价研究"项目组译. 教学中的测验和评价［M］. 北京：中国轻工业出社，2003

3. ［美］W. JamesPoPham 著，国家基础教育课程改革"促进教师发展和学生成长的评价研究"项目组译. 促进教学的课堂评价［M］. 北京：中国轻工业出版社，2003

4. ［美］沃尔弗德，安迪生著，国家基础教育课程改革"促进教师发展与学生成长的评价研究"项目组译. 等级评分——学习和评价的有效工具［M］. 北京：中国轻工业出版社，2004

5. ［美］A. S.雷伯著，李伯黍等译. 心理学词典［Z］. 上海：上海译文出版社，1999

6. ［苏］苏霍姆林斯基著，杜殿坤译. 给教师的建议［M］. 北京：教育科学出版社，2001

7. ［瑞典］胡森等主编，许建钺等编译. 简明国际教育百科全书·教育测量与评价［Z］. 北京：教育科学出版社，1991

8. ［日］佐藤学着. 钟启泉译. 课程与教师［M］. 北京：教育科学

出版社,2003 年版

9. 中国教育年鉴编辑部.中国教育年鉴(2004),2005

10. 陈向明.质的研究方法和社会科学研究[M].北京:教育科学出版社,2000

11. 陈玉锟.教育评价学[M].北京:人民教育出版社,1999

12. 陈玉锟.课程改革与课程评价[M].北京:教育科学出版社,2001

13. 陈永明主编.教师教育研究[M].上海:华东师范大学出版社,2003

14. 刁培尊主编.教育文化学[M].南京:江苏教育出版社,1992

15. 傅道春主编.教师的成长与发展.北京:教育科学出版社,2001

16. 顾明远.教育大辞典(增订合编本)[Z].上海:上海教育出版社,1998

17. 顾明远.檀传宝主编.2004:中国教育发展报告——变革中的教师与教师教育[M],北京:北京师范大学出版社,2004

18. 郝德永.课程与文化:一个后现代的检视[M].北京:教育科学出版社,2002 年第 1 版.

19. 黄甫全.课程与教学论[M].北京:高等教育出版社,2001

20. 黄书光等.中国基础教育改革的文化使命[M].北京:教育科学出版社,2001

21. 教育部师范司组织编写.教师专业化的理论与实践[M].北京:人民教育出版社,2003

22. 金娣.教育评价与测量[M].北京:教育科学出版社,2002

23. 李方编.课程与教学论[M]. 南京大学出版社,2005

24. 瞿葆奎主编,陈玉锟等选编. 教育学文集·教育评价[Z].北京:人民教育出版社,1989

25. 廖哲勋,田慧生. 课程新论[M].北京:教育科学出版社,2003

26. 皮连生.学与教的心理学[M].上海:华东师范大学出版社,1997

27. 石中英.教育学的文化性格[M].太原:山西教育出版社,2005

28. 施良方.学习论[M].北京:人民教育出版社,1994

29. 涂艳国.走向自由[M].华中师范大学出版社 1999

30. 王汉澜.教育评价学[M].开封:河南大学出版社,1995

31. 王铁军.名校长名教师集体性个案研究[M].南京:江苏人民出版社,2005

32. 王少菲.新课程背景下的教师专业发展.上海:华东师范大学出版社,2005

33. 吴康宁.教育社会学[M].北京:人民教育出版社,1998

34. 吴康宁.课堂教学社会学[M].南京:南京师范大学出版社,2004

35. 阎光亮等编.课程改革简明读本[M],首都师范大学出版社,2001

36. 邪庭瑾.教会学生思维[M].北京:教育科学出版社,2001

37. 叶澜.教师角色与教师发展新探[M].北京:教育科学出版社,2001

38. 钟启泉等.为了中华民族的复兴.为了每位学生的发展——《基础教育课程改革纲要(试行)》解读[M].上海:华东师范大学出版社,2001

39. 钟启泉主编.基础教育课程改革纲要(试行)解读.上海:华东师范大学出版社,2002 年

40. 钟启泉,高文,赵中健.多维视角下的教育理论与思潮[M].北京:教育科学出版社,2004

41. 朱慕菊.走进新课程——与课程实施者对话[M].北京:北京师范大学出版社,2002

42. 郑金州,陶保平,孔企平等著.学校教育研究方法[M].北京:教育科学出版社,2003

43. 迈克富兰.变革的力量:透视教育改革[M].北京:教育科学出版社,2000

文件类:

44. 联合国教科文组织国际教育发展委员会编著.教育生存——教育世界的今天和明天.北京:教育科学出版社 2000

45. 教育部.基础教育课程改革纲要(试行).2001

46. 教育部.普通高中课程方案(试验),2003

47. 教育部师范司编. 教师专业化的理论与实践[M]. 北京：人民教育出版社，2001

论文类：

48. 张云杰. 以合作为基础的教师专业发展的理论与实践——上海市 D 小学教研组个案研究[D]. 华东师范大学 2004 年度硕士学位论文

期刊类：

49. 陈琦，张建伟. 建构主义学习观要义评析[J]. 华东师范大学学报（教育科学版），1998(1)

50. 陈霞. 在教学中运用真实性评价的理论与方法[J]. 全球教育展望，2002(4)

51. 曹霞.《影响新课程实施的因素分析》[J]. 安徽教育学院学报，2002(1)

52. 戴新利. 如何应对教师职业倦怠[J]. 教学与管理，2006(6)

53. 邓涛，鲍传友. 教师文化的重新理解与建构——哈格里斯夫的教师文化观述评. 外国教育研究，2005(8)

54. 冯生尧. 论教师反思[J]. 教育导刊. 2003(12)

55. 范黎辉. 在实施发展性教师评价过程中应注意的几个问题. 科技信息，2007(25)

56. 傅渝稀. 浅析研训教师发展性评价实施的必要性[J]. 当代教育论坛. 2008(9)

57. 傅树京. PDS 与 TDS：教师专业发展的有效途径. 教师教育研究，2004 年(6)

58. 高田钦. 大学教师实施发展性评价的必要性与策略分析. 南通大学学报（教育科学版），200(6)

59. 高玲. 小学教师专业化成长中反思能力现状的调查研究[J]. 教育理论与实践，2005(5)

60. 韩磊，姜能志，王鹏，高峰强. 应对效能、工作压力与教师职业枯竭的关系[J]. 心理与行为研究，2007(1)

61. 侯新杰，谷自英. 中学教师职业倦怠的成因及对策探析[J]. 教育探索，2009(1)

62. 和学新. 课程评价制度传新与基础教育课程改革[J]. 教育研究，2004(7)

63. 黄莉.教师如何应对职业倦怠[J].人民教育,2005(17)

64. 教育部"新课程实施与实施过程评价"课题组:《基础教育课程改革的成就、问题与对策》[J].中国教育学刊,2003(12)

65. 景怡光.坚持以人为本的科学发展观建立教师发展性评价体系[J].辽宁教育,2007(4)

66. 姜庆.从内隐知识视角看 Blog 在教师专业发展中的作用.电化教育,2006(9)

67. 江喜标.知识经济时代所需要的学习概念[J].基础教育研究,2003(3)

68. 康内利,柯兰迪宁,何敏芳.专业知识场景中的教师个人实践知识[J].华东师范大学学报(教育科学版)

69. 梁杰.教育评价如何改革创新.中国教育报,2004.10.18

70. 李香菊.邀请式听评课——校本教研的一种有效方式[J].中小学管理,2005(4)

71. 李国华.对集体备课的理性审视与深层追问[J].中国教育学刊,2005(9)

72. 李华.浅谈高校教师的发展性评价[J].新西部.2007(14)

73. 林炊利.教师职业倦怠的类型[J].教师博览,2007(3)

74. 林少杰.实施新课程中的若干认识和实践问题[J].教育导刊,2005(3)

75. 林振平,陈存志,朱石燕.高校体育教学改革中的教师发展性评价研究[J].体育科技文献通报,2008(2)

76. 毛景焕.以团队力量促进教师发展——高校教师发展性评价研究[J].高教发展与评估,2007(1)

77. 马云鹏,唐丽芳.对新课程改革实验状况的调查与思考[J].中小学管理,2004(1)

78. 莫雷.量化评定的方法技术与学生素质测评[J].教育导刊,1999(10)

79. 宁虹.重新理解教育——建设教师发展学校的思考[J].教育研究,2001(11)

80. 牛皖闽.教师职业倦怠探析[J].教育探索,2007(3)

81. 苏国.教师发展性评价思考[J].校长论坛.2008(10)

82. 宋巍.浅析高校青年教师发展性评价[J].科教论丛.248—

249

83. 邵玉英.对"学习"概念的检讨[J].教育评论,1996(1)

84. 深圳市南山区课程改革调研组.课程改革的理性反思[J].课程教材教法,2006(9)

85. 任登中.中小学校本课题研究初探[J].中小学管理·2006(增刊)

86. 唐宗清.论合作型学校的理论基础[J].教育评论,2003(1)

87. 乌向明.《新课程改革中的问题》[J].课程教材教法,2005(2)

88. 吴毅浩.以发展性评价促进教师专业成长[J].现代教学

89. 吴小贻.高校教师合作文化论略[J].中国高教研究,2006(8)

90. 汪凌.教育风格与教师的专业发展[J].外国教育资料,1997(2)

91. 尧丹俐.关注教师职业生涯的"倦怠阶段"[J].教师教育研究,2005(12)

92. 王湛.深化基础教育改革需解决的几个难点问题[J].宁夏教育,2003(5)

93. 王晓霞.儒家文化中的人际关系理论明[J].道德与文明,2000(5)

94. 王健.促进教师个人知识共享的学校知识管理策略[J],教育理论与实践,2005(8)

95. 王海军."从不想做校长的教师不是好教师"说开去——对建立教师发展性评价机制的几点思考[J].中学校长,2008(6)

96. 王发成.教师发展性评价的理论与实践[J].新课程·中学,2007年12月8日:59

97. 谢萍.用发展性评价润泽教师职业生命[J].广东教育,2008(1)

98. 徐磊.发展性评价促进教师生命成长[J].小学校长,2008(4)

99. 徐富明.中小学教师的工作压力现状及其与职业倦怠的关系[J].中国临床心理学杂志,2003(3)

100. 阎绥瑞、吴建华.管理性评价模式对教师评价的影响及对

策思考[J]. 沧桑－教育园地,2008(6)

101. 杨秀玉,杨秀梅. 教师职业倦怠解析[J]. 外国教育研究,2002(2)

102. 杨影影. 教师职业倦怠浅析[J]. 当代教育论坛,2008(11)

103. 杨启亮. 制约课程评价改革的几个因素[J]. 课程教材教法,2004(12)

104. 佚名. 我国基础教育课程改革回顾[J],教书育人,2005(34)

105. 余文森. 新课程的教学改革:成绩、问题与反思(上). 集美大学学报,2004(9)

106. 张敏强,刘晓瑜. 中小学课程的改革与评价考试体系的完善[J]. 教育研究,2003(12)

107. 张立昌. 自我实践反思是教师成长的重要途径[J]. 教育实践与研究,2001(7)

108. 张红霞. 关于教师发展性评价的一些思考[J]. 科教视野,2007(20)

109. 张来成. 对教师发展性评价的探析[J]. 基础教育,2008(18)

110. 钟启泉. 重建"学习"的概念[J]. 福建论坛(社科教育版),2005(2)

111. 钟启泉. 教师"专业化":理念、制度、课题[J]. 教育研究,2001(12)

112. 赵昌木. 英美两国教师专业发展比较研究[J]. 外国教育研究,2006(6)

113. 赵昌木. 创建合作教师文化:师徒教师教育模式的运作与实施[J]. 教师教育研究,2004(4)

114. 张娟. 青年教师职业倦怠的成因分析[J]. 青年教师,2006(7)

后 记

　　教师的专业发展是一个很大的课题，作为一名中学物理教师，在我的成长道路上有幸遇到许多恩师，他们不仅教会我如何备课、上课、评课？如何与学生沟通？如何做班主任工作？如何积累、反思？如何开展教科研？还教会我如何做一个真正的人。

　　2005年我所在的厦门双十中学遇到了一个新的发展契机，高、初中分离，高中从原有的36个班向60个班发展，大批新毕业的老师充实到双十这所已近90年的老校、名校，如何传承双十的校园文化与传统？如何让这批优秀的毕业生尽快地成为人民满意的优秀教师？作为这个有着光荣历史、蜚声海内外的学校一员，我们思考着这样的问题。

　　2006年我校与北师大联手，推出了"一对一"培养专家型、学者型教师的名师活动计划。我和我的十位同事有幸成为了这个计划的受益者，师从北京师范大学教育学院的十位顶级教授，在这过去的三年有幸聆听了十位导师的精彩授课，"大树、大师、大学"是百年师大留给我的最美好的回忆。

　　感谢我的导师刘淑兰教授，她以学者、长者的风范赢得我的尊重与景仰，她知识渊博却平易近人。每当我在学习与工作中遇到困难、挫折或迷惑时，总能从她那听到最有意义的建议和教诲。

感谢刘淑兰教授在我这本书的写作过程给予的悉心指导,感谢她的研究生洪保鳞等在我这本书的完成中给予我的大力支持。

感谢我校教研室许序修主任在这本书的撰写过程中给予的无私帮助,将他近年来关于教师专业发展的研究结果毫无保留地呈现给我。

感谢双十,给了我成长的空间、发展的平台;感谢双十的领导和老师,是你们的支持和帮助,才让我又有了新的收获。感谢和我一起赴京学习的十位"同学",怀念我们一起并肩走过的日子。

感谢我的家人一直以来对我的支持与精神上的慰藉,令我感动并感恩他们。

感谢所有给予我默默支持与关怀的亲人、朋友们。

蔡芝禾

2009 年 7 月

图书在版编目(CIP)数据

高中新课程背景下的教师专业发展/蔡芝禾著. —厦门:厦门大学
出版社,2009.9
(杏坛匠意:福建省厦门双十中学教师文丛)
ISBN 978-7-5615-3358-1

Ⅰ.高…　Ⅱ.蔡…　Ⅲ.①课程－教学研究-高中②高中-师资培
养-研究　Ⅳ.G632.12

中国版本图书馆 CIP 数据核字(2009)第 172065 号

厦门大学出版社出版发行
(地址:厦门市软件园二期望海路 39 号　邮编:361008)
http://www.xmupress.com
xmup @ public.xm.fj.cn
厦门市明亮彩印有限公司印刷
2009 年 9 月第 1 版　2009 年 9 月第 1 次印刷
开本:787×960　1/16　印张:9.5　插页:2
字数:150 千字　印数:1～1 600 册
定价:20.00 元
本书如有印装质量问题请直接寄承印厂调换